Für alle meine Fans von »Coffee Self-Talk«,
die sagten:
Ich trinke aber Tee!

Dieses Buch widme ich euch.
Ich liebe euch alle.

Kristen Helmstetter

Tea Time für die Seele

Dein kleines Glück am Nachmittag:
»Tea Time Self-Talk« für ein magisches Leben

Aus dem Englischen von Theresia Übelhör

Haben Sie Fragen an den Mankau Verlag?
Anregungen zum Buch?
Erfahrungen, die Sie mit anderen teilen möchten?
Besuchen Sie unsere sozialen Netzwerke:
www.mankau-verlag.de/forum

Bibliografische Information der Deutschen Nationalbibliothek
Die Deutsche Nationalbibliothek verzeichnet diese Publikation in der Deutschen Nationalbibliografie; detaillierte bibliografische Daten sind im Internet über http://dnb.d-nb.de abrufbar.

Kristen Helmstetter
Tea Time für die Seele
Dein kleines Glück am Nachmittag:
»Tea Time Self-Talk« für ein magisches Leben
ISBN 978-3-86374-703-9
1. Auflage Oktober 2023

Mankau Verlag GmbH
D-82418 Murnau a. Staffelsee
Im Netz: www.mankau-verlag.de
Soziale Netzwerke: www.mankau-verlag.de/forum

Übersetzung: Theresia Übelhör, Heidelberg
Lektorat: Redaktionsbüro Julia Feldbaum, Augsburg
Endkorrektorat: Susanne Langer-Joffroy M. A., Germering
Cover/Umschlaggestaltung: Andrea Janas, München, www.andreajanas.com
Gestaltung Innenteil: Mankau Verlag GmbH

Bilder: GarkushaArt – adobe.stock.com (Kolumne), HANNA – adobe.stock.com (7, 44, 64, 96, 119, 131, 147, 157, 160, 165, 182), OneLineStock – adobe.stock.com (8, 20, 38, 46, 56, 60, 78, 98, 110, 124, 136, 150, 166, 174), Victoria – adobe.stock.com (26), dariachekman – adobe.stock.com (28, 34, 40, 74, 86, 108, 132, 154, 168, 198), ngupakarti – adobe.stock.com (30, 50, 104, 114, 127, 152, 176, 186), Tutsi_N – adobe.stock.com (42, 52, 72, 94, 106, 128, 140), Valenty – adobe.stock.com (68, 84, 90, 120, 138, 170, 180)

Druck: Westermann Druck Zwickau GmbH, Zwickau/Sachsen

FSC
www.fsc.org
MIX
Papier aus verantwortungsvollen Quellen
FSC® C110508

Inhalt

Einleitung

Ein paar Worte vorab

Vor ein paar Jahren war ich kein allzu glücklicher Mensch. Obwohl ich ein Leben führte, das viele Menschen vielleicht großartig gefunden hätten, hielt ich persönlich es nicht für großartig und wachte stattdessen jeden Morgen mit dem Gefühl auf, unter einer dunklen Wolke zu leben.

Ich hatte vor so vielen Dingen Angst und betrachtete alle meine Probleme als ernste Bedrohungen. Ich litt unter großen Ängsten und überanalysierte alles. Ständig hatte ich mit meinen Emotionen zu kämpfen. Jahrzehntelang steckte ich in diesem Gedankenmuster fest. Wir haben alle Probleme, nicht wahr? So ist das Leben nun einmal.

Doch etwas nagte jahrelang in mir. Als würde das Schicksal oder eine kleine Fee mir etwas ins Ohr flüstern: *So muss das Leben nicht sein. Du solltest viel öfter lächeln. Eigentlich sollten wir mehr Spaß haben. Glück, Freude. Ja sogar Magie erleben.*

Deshalb probierte ich verschiedene Dinge aus, damit ich mich besser fühlte, doch erst als ich herausfand, wie wirksam meine Denkweise ist, veränderte ich meine Selbstgespräche, wodurch ich wiederum mein Leben in eine andere Richtung lenken konnte. Die dunklen Wolken begannen, sich aufzulösen, die Sonne kam hervor. Es dauerte nicht lange, und ich erlebte regelmäßig herrlich sonnige Tage. Diese fröhliche Stimmung war nun Normalität, und ich wurde ein ganz anderer, ein neuer Mensch. Und das alles nur aufgrund meiner Selbstgespräche. Das heißt, aufgrund der Worte und Gedanken, die ich über mich selbst, die Welt und mein Leben sagte und dachte.

Doch meine neue, fröhliche Stimmung war nur der Anfang. Mit dieser Veränderung meiner Einstellung begann ich, kühne Entscheidungen zu treffen, zu handeln und in meinem Leben erstaunliche Dinge zu manifestieren – von Fülle bis zur Liebe – und das alles mit einer Menge Motivation, Zielgenauigkeit und unglaublicher Gemütsruhe. Hätte ich gewusst, dass meine Selbstgespräche mein Leben so dramatisch verändern würden, hätte ich schon vor Jahrzehnten damit angefangen. Das ist einer dieser verblüffenden Momente, in denen man sich sagt, man hätte … man sollte … . Aber besser spät als nie!

In meinem Buch *Coffee Self-Talk* erzähle ich die Geschichte, wie ich eine Entdeckung machte, die mein Leben veränderte: Ich habe ein tägliches Selbstgesprächsritual entwickelt und dieses mit meiner Tasse Kaffee am Morgen kombiniert. In diesem Buch schildere ich ausführlich, wie Selbstgespräche wirken, erzähle von ihren lebensverändernden Vorteilen und wie du dein eigenes Morgenritual mithilfe von Texten, die ich liefere oder die du selbst schreibst, entwickelst.

Tea Time für die Seele ist neu und anders! Für alle, die mit Selbstgesprächen noch nicht aktiv arbeiten, gebe ich einen kurzen Überblick, dann springen wir direkt zu dem, was ich als *Tea Time Self-Talk* bezeichne – zu kurzen, vorformulierten und inspirierenden Auszeiten, die sich perfekt für eine fünfminütige Nachmittagspause eignen oder für jeden Zeitpunkt, an dem du dir ein paar Minuten Glück gönnen willst, um Atem zu schöpfen, deine Mitte zu finden und die Schönheit deines magischen Lebens wertzuschätzen.

Wie du dir sicher vorstellen kannst, liebe ich meine positiven Selbstgespräche. Deshalb nutze ich diese Macht, um meinen

Geist regelmäßig, das heißt täglich zu programmieren. Denn das ist das Entscheidende – es so regelmäßig zu tun, dass es in Fleisch und Blut übergeht und es zur täglichen Routine wird. Diese Regelmäßigkeit führt dazu, dass sich die gewünschten Lebensveränderungen rasch einstellen. Das macht den Unterschied aus: Du trainierst dein Gehirn, anders zu denken. Wenn du das regelmäßig machst, veränderst du dein Leben. Du verwandelst dich. Du findest Glück, wie du es noch nie zuvor erlebt hast ... weil es wirkt.

Ich denke, es ist großartig, jemandem zu sagen, dass er oder sie positiv und optimistisch denken soll. Auf dem Papier klingt das gut. Und doch hilft es dir nicht, wenn du in Wahrheit anders empfindest. Du musst es in die Praxis umsetzen. Genau genommen willst du es dir zur festen Gewohnheit machen. Und die beste Möglichkeit, um es nicht zu versäumen, besteht darin, es mit einer bestehenden Gewohnheit oder Aktivität zu verknüpfen, die du magst. Je ausdrücklicher das Ritual, desto besser wird es ... es wird zur Zeremonie.

Deshalb praktiziere ich meinen Self-Talk am Morgen bei einer Tasse Kaffee und nutze ihn auch am Abend vor dem Einschlafen (siehe mein Buch *Bettgeflüster für die Seele*).

Nun habe ich festgestellt, dass ich zwischen 14 und 16 Uhr meist ein Tief habe und mich hin und wieder beim Gähnen ertappe. Eine Tasse Tee hat sich als bester Muntermacher erwiesen, und ich trinke sie gewöhnlich an meinem Schreibtisch, während ich weiterarbeite. Doch als mir nach ein paar Wochen klar wurde, dass dieser Nachmittagstee gewissermaßen ein neues Ritual werden konnte, erkannte ich die Chance, damit ein paar gute, kühne Selbstgespräche zu verbinden.

Ich begann, diese Zeit als offizielle Nachmittagszeremonie zu nutzen, um mir diesen wunderbaren kleinen Energieschub zu gönnen (also Teein *plus* Worte) und meine fröhliche Stimmung zu stärken, damit ich meine Aufgaben und meinen Tag mit einem Lächeln beenden konnte.

Was ist Tea Time Self-Talk?

Tea Time Self-Talk ist eine wunderbare kleine Zeremonie, die täglich nur fünf Minuten in Anspruch nimmt. Sie hilft dir, dein Leben mithilfe von Inspiration, Motivation und Verjüngung zu verändern. Und sie trägt dazu bei, das Leben, das du dir wünschst, anzulocken, das Leben, das so stark in deinem Herzen brennt. Und das alles in Verbindung mit deiner nächsten Tasse Tee.

Tea Time Self-Talk besteht aus zwei Dingen: 1) deiner Teepause und 2) deinem Selbstgespräch. (Falls du mit Selbstgesprächen noch nicht vertraut bist, dann mache dich darauf gefasst, dass sich dein Leben verändern wird! Mehr dazu im nachfolgenden Kapitel.)

Am Nachmittag eine Teepause einzulegen ist nichts Neues. Es gibt die beliebte urenglische Tradition der Tea Time, die offenbar mit Anna, der siebten Herzogin von Bedford (1783–1857) ihren Anfang nahm. Anna begann, am Nachmittag Tee zu trinken und eine Kleinigkeit zu sich zu nehmen, um den Hunger bis zum Abendessen zu stillen. Die niedlichen Sandwiches und die ausgefallenen Hüte – da bin ich ganz hin und weg!

Und auch die japanische Teezeremonie hat mich schon immer fasziniert, die Ausgewogenheit, Einfachheit und Respekt zum Ausdruck bringt. Die Praktizierenden bereiten ihren Geist auf die Zeremonie vor, indem sie sich auf die Harmonie des Lebens konzentrieren, den Stress hinter sich lassen und zur Ruhe kommen. Ich liebe diesen Gedanken ... Davon könnten wir alle profitieren.

Der Nachmittagstee ist also nichts Neues, neu ist es jedoch, die Teepause zu nutzen, um dein magisches Leben zu leben, indem du diese Auszeit mit starken, positiven Affirmationen und schönen, aufbauenden Gedanken kombinierst. Das ist ein Schub an wunderbarer Energie, um deinen Tag abzurunden (dreieckige niedliche Sandwiches und ausgefallene Hüte sind optional!) und eine großartige Geisteshaltung zu schaffen, die dich inspiriert. Um dich zu motivieren. Um deine Seele zu verjüngen.

Und was ist eigentlich ein »Selbstgespräch«?

Bevor wir in unsere Zeremonie des Tea Time Self-Talks eintauchen, möchte ich für diejenigen von euch, denen Self-Talk neu ist, eine kurze Einführung geben, was Selbstgespräche sind und warum sie euer Leben grundlegend verändern werden.

Falls du bereits *Coffee Self-Talk* gelesen hast, in dem ich ausführlich auf die Bedeutung von Selbstgesprächen eingegangen bin, kannst du diesen Teil überspringen (aber wenn die Lektüre schon eine Weile her ist, könnte eine Auffrischung empfehlenswert sein). Falls du es nicht kennst, empfehle ich, die Einführung zu lesen, damit auch du das tiefe Verständnis bekommst, das dich wirklich inspirieren wird, deine Selbstgespräche zu einem Hauptschwerpunkt in deinem Leben zu machen.

Also hier die Kurzversion: Selbstgespräche sind die Worte, die du dir sagst oder die du denkst. Das ist deine innere Stimme, dein innerer Dialog. Manchmal wird dieser ausgesprochen, manchmal läuft er stumm ab. Manchmal bist du dir dessen bewusst, für gewöhnlich aber nicht ...

Du nutzt Selbstgespräche schon dein ganzes Leben lang. Das tun wir alle, weil es sich dabei um unsere Gedanken handelt. Es sind unsere Gedanken über uns selbst, über unsere Haare, unseren Taillenumfang und unsere Fähigkeiten. Unsere Gedanken über das, was wir im Fernsehen und in den sozialen Medien gesehen haben. Es handelt sich um unsere Meinungen und Urteile über andere Menschen. Um unsere Einstellung über alles, was wir kommentieren und was uns ständig durch den Kopf geht. Wir führen also an 365 Tagen im Jahr in jeder wachen Stunde Selbstgespräche.

Dein Self-Talk ist der Dialog, der in deinem Kopf über dich selbst abläuft: die Art und Weise, wie du dich im Spiegel siehst, die Art und Weise, wie du über dich und die Dinge, die du tust, denkst, sowie die Art und Weise, wie du die Welt um dich herum wahrnimmst.

Magst du deinen Körper? Oder kritisierst du dich? Hältst du dich für klug oder kreativ? Oder hältst du dich für langweilig? Denkst du, dass du Glück hast, oder hast du den Eindruck, dass du schlechte Umstände anziehst? Liebst du das Leben oder fürchtest du es? Kannst du bestimmte Dinge nicht ausstehen? Urteilst du häufig negativ über andere ... oder suchst du in anderen immer das Gute? Magst du dich?

Darum geht es in deinen Selbstgesprächen.

Das Gute, das Schlechte und das Hässliche

Selbstgespräche können, wie du siehst, gut oder schlecht sein. Oder schlichtweg hässlich. Du musst wissen, dass du, wenn du fantastische Selbstgespräche führst, ein ebenso fantastisches Leben haben wirst. Sind sie nur mittelmäßig, führst du ein mittelmäßiges Leben. Und wenn deine Selbstgespräche bescheiden und hässlich sind, dann bist du wahrscheinlich nicht gerade glücklich und hast es schwer.

Deine Selbstgespräche können dir entweder helfen oder dir schaden, denn alles, was du über dich und dein Leben sagst und fühlst, wird zu deiner Wahrheit. Mit deinen Worten bestätigst du es – im Positiven wie im Negativen. Dein Geist und dein Unterbewusstsein glauben, was du sagst, ob es nun wahr ist oder nicht.

Das Schockierende

Und hier der schockierende Teil: Die meisten Menschen haben keine Ahnung, wie schädlich ihre negativen Selbstgespräche tatsächlich sind. Und sie wissen nicht, wie häufig sie diese negativen Dinge sagen und denken. Als ich anfing, meinen Self-Talk bewusst einzusetzen, bemerkte ich, wie viele meiner Gedanken und Äußerungen positiv, negativ oder neutral waren, und es hat mich umgehauen, wie viele davon negativ waren, obwohl ich mich eigentlich für einen positiv denkenden Menschen hielt.

Du möchtest so wenig Schlechtes in deinem Leben wie nur möglich.

Es scheint zunächst so harmlos ... du stolperst und strauchelst, du lässt dein Handy aufs Pflaster fallen, du vergisst, die Fußballtrikots deiner Kinder zu waschen oder eine Rechnung rechtzeitig zu überweisen. In diesen Fällen sind die Worte, die dir reflexartig über die Lippen kommen, gewöhnlich nicht positiv. Es ist nur natürlich, verärgert zu sein, oder nicht? Oder du schaust in den Spiegel und verziehst das Gesicht, weil du dir wünschst, weniger Falten oder eine ebenmäßigere Haut zu haben – die daraus resultierenden Gedanken sind negativ.

Oder du schickst jemandem eine Textnachricht, der oder die Betreffende antwortet aber nicht umgehend (Uff!), und du fängst an, dich zu fragen, ob er oder sie dich überhaupt noch mag. Oder deine Kollegin kommt mit einem neuen Haarschnitt daher, und du denkst: *Du lieber Himmel! Aber sie wachsen ja wieder.*

Das sind alles negative Selbstgespräche.

Auch negative Urteile und Einstellungen anderen gegenüber stellen ein Spiegelbild deiner eigenen Denkweise dar. Die meisten Menschen merken nicht, wie viele negative Gedanken sie hegen, bis sie erfahren, dass jeder Gedanke ihr Self-Talk ist und dass ihr Self-Talk über Erfolg oder Scheitern entscheiden kann.

Das bedeutet nicht, dass man nicht auch Abneigungen oder Vorlieben haben kann. Aber du solltest dich viel mehr auf das konzentrieren, was du willst, als auf das, was du nicht willst, weil deine Lebenserfahrungen auf deinen Gedanken beruhen. Je besser deine Selbstgespräche sind, desto besser wird dein Leben!

Fazit

Deine Selbstgespräche bestimmen deinen Fokus, und dieser bestimmt, ob du glücklich bist oder nicht, erfolgreich oder nicht und ob du das Leben genießt … oder eben nicht. Zu jedem Zeitpunkt nutzt du deine Selbstgespräche, um gute oder schlechte Dinge zu manifestieren, weil die Worte und Gefühle in dir entscheiden, was in dein Leben tritt. Du ziehst das an, woran du am meisten denkst.

Wenn du die Kontrolle über deine Selbstgespräche übernimmst, erschaffst du eine neue, positivere Einstellung, und du fängst an, Maßnahmen zu ergreifen, die diese Überzeugungen unterstützen, damit du beginnen kannst, dein magisches Leben zu leben.

Okay, lass uns loslegen!

Und so geht's!

Nun bist du dran …

In *Tea Time für die Seele* gebe ich zur täglichen Teestunde Inspiration und Motivation über Selbstgespräche weiter. Das soll dir helfen, ein paar Minuten am Nachmittag ganz für dich zu genießen und deinen Geist mit wunderbaren und magischen Gedanken zu füllen!

Wenn du für deinen Tea Time Self-Talk bereit bist, nimm dir dieses Buch und deine Tasse köstlichen Tee. Selbstverständlich musst du nicht zwingend Tee trinken. Du kannst Kombucha, Mineralwasser, Kaffee, entkoffeinierten Kaffee oder sogar Whiskylikör schlürfen. Was immer du willst!

Nimm Platz, mach es dir bequem und lies einen der täglichen Einträge. Es ist in Ordnung, sie nicht der Reihe nach, sondern nach Lust und Laune durchzuschmökern. Denke, während du deinen Tee genießt und dich inspiriert und verjüngt fühlst, über die Worte nach, die du liest.

Ein perfekter kleiner Schub an Energie und Licht am Nachmittag, der den Rest deines Tages erfolgreich und glücklich verlaufen lässt! Eine schöne, kleine Zeremonie, die dazu gedacht ist, dich zu regenerieren und strahlen zu lassen.

Das Self-Talk-Format zur Teezeit

Für jeden Tag gibt es zwei Seiten. Auf der linken Seite wirst du Dinge lesen, die dich inspirieren oder zum Nachdenken anregen sollen. Auf der rechten Seite findest du deinen Self-Talk-Text mit positiven Affirmationen. Lies den Text der maximalen Wirkung wegen viermal durch – wenn möglich laut, selbst wenn du nur flüsterst.

Die Wiederholung ist ganz entscheidend. Denn bei diesen kurzen Texten ist deine erste und zweite Lektüre nur zum Aufwärmen da. Erst beim dritten Durchgang beginnt der Inhalt einzusickern. Beim vierten Mal wirst du wahrscheinlich in einen leicht tranceartigen Zustand geraten, in dem dein Unterbewusstsein besonders aufnahmefähig wird.

Die Wiederholungen und die Zeit, die du damit verbringst, sind Teil der magischen Formel, die deine Überzeugungen verändert, deine Emotionen anhebt und dir hilft, deine Träume schneller zu verwirklichen. Ich stelle mir gern vor, dass es umso stärker in dich einsickert und seine magischen kleinen Krallen in dich gräbt, je öfter du es liest.

Erschaffe Bilder in deinem Kopf, was die Worte für dich bedeuten. Fühle dich frei, Wörter zu verändern, damit sie am besten zu dir passen. Glaube an dich. Und mache dich auf den Weg.

Das Lesen der Affirmationen (vor allem laut), kann sich am Anfang seltsam anfühlen, aber es wird mit der Zeit leichter. Und manchmal fällt es zunächst schwer, so positiv über sich selbst zu denken, wenn du doch so viel Zeit deines Lebens damit verbracht hast, dich selbst zu kritisieren oder dich wertlos zu fühlen. Nun, dieses Buch soll das ändern und dir dabei helfen, bessere Selbstgespräche zu führen!

Gestatte dir also ab jetzt, in frechen, gewagten und inspirierenden Worten über dich zu sprechen und zu denken, die dich anspornen, dein bestes Leben zu führen.

Du wirst mit der Zeit alles glauben, was du sagst. Du wirst sehen, dass dies dir hilft, deine Wünsche zu verwirklichen.

Aber du musst am Ball bleiben! Sei kompromisslos in der Verfolgung deiner Träume und deiner epischen Transformation. Glaube an dich! Glaube an deine Träume. Glaube an den Prozess, weil dein Gehirn absolut fantastisch ist und alle deine Träume wahr werden lässt.

Tea Time Self-Talks

Tea Time Nr. 1

Wenn du dir einen Moment Zeit nimmst, um an eine einzige großartige, ganz aktuelle Sache in deinem Leben zu denken, dann schafft es einen Lichtblick in deinem Tag, der alles andere überstrahlt.

Was ist gerade jetzt an diesem Tag großartig? Oder in deinem Leben? Nimm dir ein paar Minuten Zeit, um es wertzuschätzen. Lass die positiven Gefühle, die dich durchströmen, nach außen strahlen. Die Konzentration auf großartige Dinge macht dein ganzes Leben großartiger.

Heute ist mein Tag.

Ich habe die Macht über meinen Geist.

Ich habe die Kontrolle über meine Gefühle.

Ich habe mich entschieden,
glücklich zu sein.

Ich habe mich für Frieden entschieden.

Ich habe mich entschieden zu lächeln.

Ich habe bei allem, was ich heute
unternehme, phänomenalen Erfolg.

Tea Time Nr. 2

Manchmal besteht ein Hindernis zur Manifestation darin, dass man nicht das schöne Gefühl hat, sie *verdient* zu haben.

Manchmal haben Menschen Schuldgefühle, wenn sie Wörter gebrauchen wie »Ich habe es verdient«. Doch das ist Ausdruck mangelnden Selbstwertgefühls. Du hast die Erfüllung all deiner Wünsche verdient, weil du voller Liebe und Dankbarkeit bist. Weil du eine freundliche und verdienstvolle Person bist. Und deine Selbstgespräche sollten dies wiedergeben.

Deshalb denke an etwas, was du dir in deinem Leben wünschst, sei es ein neuer Job, mehr Geld oder Liebe oder einen schönen Urlaub und sage: »Ich habe ... verdient.« Fülle die Lücke aus und erfülle deinen Geist mit Liebe und Dankbarkeit für das, was du dir wünschst. Stelle dir vor, dass du die Sache mit Leichtigkeit erhältst. Fühle dich erhaben. Sei zuversichtlich, dass du sie erhältst. Bist du bereit, sie zu bekommen?

Ich bin es wert, mich wunderbar
und glücklich zu fühlen.

Ich bin es wert,
jede Menge Energie zu haben.

Ich bin es wert,
ein üppiges Einkommen zu erzielen.

Ich bin es wert,
Liebe zu geben und geliebt zu werden.

Ich bin es wert,
wunderbare Freunde zu haben.

Ich bin es wert,
an jeder Ecke neue Chancen
zu entdecken.

Ich bin es wert! Ich bin es wert!
Ich bin es wert!

Tea Time Nr. 3

Eine Möglichkeit, deinem Leben sofort auf die Sprünge zu helfen, besteht darin, Fragen zu stellen.

Und eine meiner Lieblingsfragen lautet: *Warum?*

Wenn vor Kurzem etwas passiert ist, das dich verwirrt, frustriert oder gereizt hat, dann frage dich: Warum? Warum hat es dich verwirrt oder frustriert? Oder warum hat es dich gereizt? Warum ist es passiert? Wenn du anfängst, im Leben die richtigen Fragen zu stellen, beginnst du, nützliche Antworten zu erhalten. Und diese Antworten helfen dir, dein Handeln zu steuern. Diese Antworten inspirieren dich, neue Wege einzuschlagen und dich auf neue Abenteuer einzulassen.

Denke an die Ereignisse der vergangenen Woche und stelle dir Fragen, um dir über deine Gefühle zu diesen Ereignissen klar zu werden. Versuche, dabei mehr über dich selbst herauszufinden.

Ich glaube an meine Fähigkeiten.

Heute bin ich so glücklich!

Ich habe es verdient,
ein magisches Leben voller Feenstaub,
Regenbogen und Sternschnuppen
zu leben!

Ich habe Spaß, und alle meine Träume
werden wahr.

Ich liebe es, Fragen zu stellen.

Die Antworten auf meine Fragen
fallen mir zu.

Ich liebe es, neue Dinge
über mich selbst herauszufinden.

Tea Time Nr. 4

Bist du dir selbst treu?

Nimmst du dir Zeit, deine Seele so zu nähren, wie es sich für dich am besten anfühlt?

Das Leben fordert, dass du absolut authentisch bist. Du bist aus einem Grund hier. Und die Welt braucht dich, ***so, wie du bist.*** Wenn du dein Potenzial bislang nicht ganz ausgeschöpft hast, dann ist jetzt die Zeit gekommen, damit zu beginnen. Verpflichte dich heute, dich der Welt als dein bestmögliches Selbst zu präsentieren. Mit all deinen einzigartigen, schrulligen und wunderbaren Eigenschaften.

Was bedeutet es für dich, wirklich du selbst zu sein? Kannst du gleich jetzt mit irgendetwas Neuem beginnen? Gibt es etwas, was das wahre Du nicht mehr tun würde?

Denke darüber nach, plane es und verpflichte dich dazu.

Ich bin für große Dinge bestimmt.

Ich bin aus einem Grund hier.

Ich schätze mich. Ich schätze das Leben.

Die Welt schätzt mich. Ich schätze die Welt.

Ich schöpfe mein ganzes Potenzial aus.

Ich bin all meiner Verpflichtungen würdig.

Ich bin mir selbst treu. Ich ehre mich selbst.

Tea Time Nr. 5

Der Glaube spielt eine große Rolle, wenn es darum geht, dass Gewohnheiten erfolgreich Wurzeln schlagen. Wenn du an etwas glaubst, befeuert dies deine Bemühungen.

Wenn du an dich glaubst, hast du das Gefühl, deinem Traumleben entgegenzufliegen anstatt durch Treibsand zu stapfen.

Überlege, welche neue Gewohnheit du dir gern aneignen möchtest. Es könnte sich um Sport, Meditation oder ein Dankbarkeitsritual handeln. Frage dich, weshalb du es dir angewöhnen willst. Und dann glaube daran, dass es eine wünschenswerte Gewohnheit ist. Das klingt offensichtlich, aber viele Menschen denken, dass sie sich etwas Neues angewöhnen wollen, doch sie haben nicht wirklich darüber nachgedacht, wie diese neue Gewohnheit ihr Leben verbessern würde, und halten deshalb nicht daran fest.

Du musst dich mit deiner Gewohnheit gut fühlen. Nicht etwa, weil andere Leute sagen, dass sie gut ist, sondern weil du selbst daran glaubst. Verleihe deiner neuen Gewohnheit eine positive Bedeutung und sei dir über ihre Vorteile im Klaren, dann wird dein Wille mit deinem Ziel übereinstimmen.

Welche neue Gewohnheit willst du annehmen?

Ich liebe es dazuzulernen.

Ich nehme gute Gewohnheiten an.

Ich bin es wert,
großartige Gewohnheiten zu haben.

Ich habe ein Ziel.

Ich lasse es geschehen.

Ich präsentiere mich meinem Leben
und tue, was nötig ist.

Meine guten Gewohnheiten
schlagen Wurzeln, weil ich an sie glaube.

Ich glaube an mich.

Tea Time Nr. 6

Wiederholung ist entscheidend, damit eine neue Gewohnheit Wurzeln schlagen kann. Die Verpflichtung, diese neue Gewohnheit mindestens 21 Tage lang zu praktizieren, ist eine gute Voraussetzung, damit du an dieser Gewohnheit tatsächlich festhältst.

Solltest du dann am 22. Tag damit aufhören, würde dein Gehirn feststellen, dass etwas fehlt. Was dich wiederum dazu veranlasst, wieder damit zu beginnen. Ist das nicht verblüffend? Unser Gehirn ist dermaßen cool.

Überlege dir heute, welche neue Gewohnheit du dir angewöhnen willst, und verpflichte dich, mindestens 21 Tage lang daran festzuhalten.

Ich verpflichte mich mir
und meinem Leben gegenüber.

Ich stelle mich meinem Leben,
weil mein Leben bedeutsam ist.

Ich bin fantastisch,
und ich liebe mein Leben!

Ich habe Spaß,
und großartige Gewohnheiten
bedeuten Spaß!

Ich entfache das Feuer in mir.
Ich bin bereit.

Großartige Gewohnheiten
sind der Treibstoff
für meine Manifestationskraft.

Es ist Zeit. Ich bin bereit.
Lass uns loslegen!

Tea Time Nr. 7

Wenn du etwas regelmäßig tust, denkst oder fühlst, wird es in dein Bewusstsein eingebrannt. Das heißt, dein Geist gewöhnt sich an diese Gedanken und Gefühle, und sie werden zur Standardeinstellung deines Denkens und Fühlens.

Wenn man regelmäßig ein paar Mal pro Woche ins Fitnessstudio geht, bekommt man stärkere Muskeln. Dein Gehirn reagiert in ähnlicher Weise auf deine wiederholten Denkmuster, Überzeugungen, Verhaltensweisen und Gewohnheiten. Dein Gehirn wird stärker. Was für eine großartige Kontrolle du doch hast! Doch mit großer Macht geht große Verantwortung einher. Es liegt an dir, dein Gehirn zu trainieren. Die Verantwortung liegt bei dir.

Neues Denken? Neues Du!

Welche neuen positiven Gedanken werden für dich eine Veränderung herbeiführen?

Ich weiß um die Macht meines Geistes.

Ich nutze die Macht meines Geistes klug.

Ich treffe großartige Entscheidungen,
und mein Gehirn hört zu.

Ich sorge dafür, dass meine Gedanken
glücklich und gesund sind,
weil das entscheidend ist.

Ich habe ein phänomenales Gehirn.

Meine Denkmuster
bringen mich zum Lächeln.

Ich bin es wert,
ein schönes Leben zu führen.

Tea Time Nr. 8

Was tut eine allerbeste Freundin? Mit anderen Worten, was macht eine allerbeste Freundin aus?

Erstelle eine Liste (in Gedanken oder auf Papier), was dir dazu in den Sinn gekommen ist ... denn weißt du was? Du wirst deine eigene ***allerbeste Freundin*** werden. Wie? Indem du die Dinge auf deiner Liste für dich tust, denn damit beginnt die Magie zu wirken. Das ist der Zeitpunkt, an dem die wahre Transformation einsetzt.

Warum? Weil du dich unterstützt fühlst. Geliebt. Du hast mehr Vertrauen in das, was du willst. Du bist zuversichtlicher.

Wie wirst du zu deiner eigenen allerbesten Freundin, heute und in der Zukunft?

Ich bin meine eigene beste Freundin,
weil ich den Rest meines Lebens
bei mir sein werde.

Ich bin mir
eine großartige beste Freundin.

Meine Träume brennen hell in mir,
und ich stehe hundertprozentig
hinter meinen Bemühungen.

Ich bin voller Liebe und Wertschätzung
für mich selbst.

Auf, liebes Ich! Los geht's!

Ich blicke mich an, in mein Gesicht,
in meine Augen, in meine schöne Seele.

Ich bin schön. Ich bin stark.

Tea Time Nr. 9

Dein Gehirn hört immer, was du sagst und denkst. Es hat keine eigene Meinung zu den Dingen, die du sagst; es handelt einfach entsprechend.

Stelle dir dein Unterbewusstsein als Leutnant vor, der auf deine Anweisungen wartet. Bereit für den Marschbefehl, Klemmbrett und Stift in der Hand. Und dieser Marschbefehl kommt in Gestalt jedes Wortes, jedes Gedankens und jedes Gefühls daher, das dich durchflutet. Du erzeugst eine Blaupause, die dein Unterbewusstsein manifestiert.

Möchtest du, dass diese Manifestation fantastisch ist? Dann hege fantastische Gedanken. Aber wenn du schlechte und negative Gedanken hegst, wird dein Unterbewusstsein schlechte Dinge manifestieren, und von solchen hättest du in deinem Leben immer mehr.

Du hast tatsächlich das Sagen. Und dein Gehirn wartet nur auf Anweisungen.

Welche Anweisungen gibst du deinem Gehirn für heute?

Ich bin im Augenblick voller Liebe.

Ich liebe meinen Körper,
so wie er heute ist.

Ich bin glücklich, weil ich es sein kann.

Ich bin großzügig,
weil ich mich dazu entschlossen habe.

Ich sehe in jeder Situation
immer das Gute.

Ich bin meiner Träume würdig.

Ich liebe mich.

Tea Time Nr. 10

Gibt es im Moment etwas, was du loslassen musst? Gibt es etwas Großes wie eine Beziehung? Oder hast du in der Vergangenheit einen Fehler gemacht, der dich immer noch beschäftigt? Oder gibt es etwas Kleines, das du loslassen könntest, wie zum Beispiel deinen Schrank durchzusehen und die Kleidung auszusortieren, die du seit einem Jahr nicht mehr getragen hast?

Das Loslassen ist eine wirkungsvolle Übung. Sie dient deiner Seele. Wenn wir uns an Dinge klammern, sind wir gestresst und angespannt. Der Akt des Klammerns, eine geballte Faust, verhindert, dass unsere Hände offen sind, um zu empfangen. Häufig werden unsere größten Wünsche erst dann erfüllt, wenn wir Dinge loslassen, die uns nicht mehr nützlich sind (Einstellungen, Gedanken, Gegenstände).

Gibt es im Moment also etwas, was du loslassen musst?

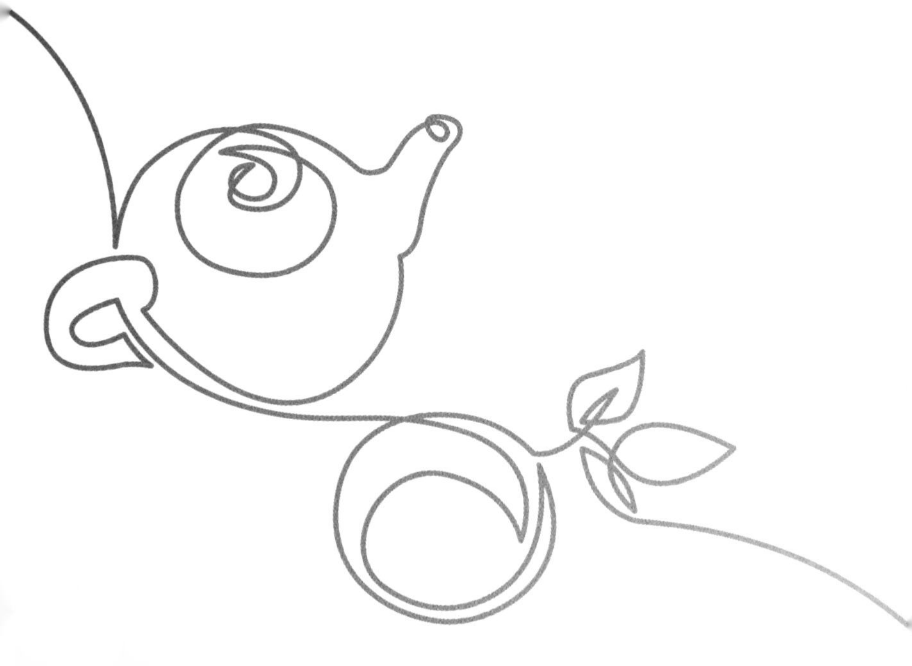

Ich lasse Dinge los,
die mir nicht mehr nützlich sind.

Es ist leicht, Dinge loszulassen.

Ich habe meinen Seelenfrieden gefunden.

Wenn ich loslasse, ist mein Herz beruhigt.

Ich weiß, was für mich am besten ist.

Ich habe immer das Beste
für mich im Sinn.

Das Loslassen gibt mir Freiheit.

Tea Time Nr. 11

Gibt es in deinem Leben schwierige Beziehungen?

Wenn du möchtest, dass eine Person so ist, wie du sie gern hättest, dann machst du etwas falsch. Gandhi sagte: ***Sei du selbst die Veränderung, die du dir wünschst für diese Welt.*** Das ist zutreffend.

Du musst die Person sein, die die Beziehung in bessere Bahnen lenkt. Du stößt den Ball an, damit er in die richtige Richtung rollt. Und entgegne mir nicht: ***Aber! Aber! Aber! Er hat das getan! Sie hat das getan!***

Ja, das kann zunächst schwierig erscheinen. Aber sobald du anfängst, fühlt es sich tatsächlich wunderbar an. Es fühlt sich immer besser an, Liebe zu verbreiten.

Hier ein paar Tipps:

1) Beginne damit, dass du positive Dinge über die andere Person denkst, auch wenn es sich nur um einen Punkt handelt.
2) Gib dir Mühe und beginne das nächste Gespräch.
3) Bemühe dich und lächele als Erste oder Erster.
4) Bemühe dich und sei der oder die Erste, die Danke sagt oder ein Kompliment macht.

Bist du bereit, den ersten Schritt zu tun, um die Situation zu verbessern?

Ich weiß, dass nur ich für mein Glück
verantwortlich bin und sonst niemand.

Nicht andere Menschen haben
die Kontrolle über mich. Ich selbst
habe die Kontrolle über mich.

Glückliche Beziehungen beginnen bei mir.

Ich ehre andere Menschen
und sehe in ihnen das Beste.

Ich genieße es, nach den Glanzstücken
in anderen Menschen zu suchen.

Ich bin für meine Beziehungen dankbar.
Für alle.

Ich liebe es, die Person zu sein,
die die Dinge ins Rollen bringt.

Das ist Teil meines Wesens.

Tea Time Nr. 12

Fülle die folgenden Lücken aus, während du deinen köstlichen Tee schlürfst:

Ich bin glücklich, weil ....

Ich bin auch glücklich, weil ....

Ich liebe .... , weil ....

Ich bin dankbar für ....

Ich schätze ....

Ich liebe ....

Ich begrüße .... , weil ....

Ich habe Glück, ... zu haben.

Ich bin glücklich.

Ich bin wirklich dankbar.

Ich bin Liebe.

Ich werde geschätzt.

Ich bin dankbar.

Ich weiß es zu schätzen.

Ich habe Glück.

Tea Time Nr. 13

Hast du manchmal das Gefühl, so viel zu tun zu haben, dass du gar nicht weißt, wo du anfangen sollst? Fühlst du dich häufig überfordert?

Wenn das der Fall ist, dann ist es Zeit zu entspannen. Nimm dir gleich jetzt einen Augenblick Zeit. Du kannst damit umgehen. Vergiss nicht, etwas Glück zwischendurch zu finden, denn ein magisches Leben zu führen, erfordert weder so viel Anspannung noch das Gefühl, ständig in der Defensive zu sein. Es geht darum, den Prozess zu genießen und daran zu glauben, dass du Zeit im Überfluss hast.

Bist du bereit, Fülle und Frieden in Bezug auf deine Zeit und deinen Zeitplan zu spüren? Präge dir mit diesem Text das Gefühl des Überflusses an Zeit ein.

Ich habe jede Menge Zeit,
um alles zu tun, was ich tun will.

Ich habe jede Menge Energie,
um alle meine Bedürfnisse
mit einem Lächeln zu befriedigen.

Ich habe jede Menge Ressourcen,
um meine Träume zu verwirklichen.

Ich bin voller Energie. Ich bin voller Geduld.
Ich bin voller Liebe.

Ich bin außerordentlich fähig.

Ich habe mehr als genug Zeit.

Ich habe Zeit im Überfluss.

Tea Time Nr. 14

Wenn du daran arbeitest, deine Träume und Ziele zu manifestieren, kann dich das Unbekannte leicht frustrieren. Doch es ist wichtig, daran zu denken, dass sich dein Traumleben in einer Weise verwirklichen könnte, die du dir nie hättest vorstellen können. Vielleicht denkst du, du wüsstest den besten Weg, um deine Ziele zu erreichen, aber es ist durchaus möglich, dass deine Reise unerwartete Wendungen nehmen und dich doch an dein gewünschtes Traumziel führen wird. Oder an einen noch besseren Ort!

Sich mit dem Unbekannten auseinanderzusetzen kann unbequem sein. Das verstehe ich gut. Aber ich möchte, dass du es stattdessen aufregend findest. Du solltest Pläne schmieden und immer wieder Schritte unternehmen, um sie umzusetzen, aber auch die Augen für unerwartete Gelegenheiten offen halten, für Dinge, die du nie in Erwägung gezogen hast. Vertraue mir, es gibt sie immer.

Diese neue Denkweise kann dir helfen, dich zu entspannen. Wann immer ich feststelle, dass ich auf einen bestimmten Weg allzu fokussiert bin, kann das zu Anspannung führen, wenn sich mir Hindernisse in den Weg stellen. Doch wenn ich meinen Fokus stattdessen einfach auf das Ergebnis gerichtet halte, muss ich mir keine so großen Sorgen machen, wie es geschehen wird. Ich unternehme noch immer Schritte in Richtung meines Ziels, bin zugleich aber für das geheimnisvolle Unbekannte offen. Ich glaube daran, dass ich die von mir gewünschten Ergebnisse erreiche, aber vielleicht auf eine Weise, die ich mir nie erträumt habe.

Ich bin offen für neue Möglichkeiten,
meine Träume zu verwirklichen.

Das Unbekannte ist aufregend
und macht Spaß. Es gibt immer
etwas Neues zu entdecken!

Ich genieße es, meine gute Energie
zu nutzen, um gute Dinge anzuziehen.

Ich bin gespannt,
was als Nächstes passiert.

Unsicherheit bringt mehr Spaß
und Farbe in mein Leben.

Jeder Tag wartet mit neuen
Überraschungen auf.

Ich wache mit Staunen
und Ehrfurcht darüber auf,
wie sich mein Tag entwickeln wird.

Tea Time Nr. 15

Nimmst du dir ausreichend Zeit für dich selbst? Gibst du dir selbst genügend Raum? Wachst du am Morgen auf und springst direkt in deinen Tag, ohne dir zuerst einen Moment der Ruhe zu gönnen? Gehst du abends ins Bett und durchlebst im Geist noch einmal deinen Tag oder denkst du zwanghaft an die To-do-Liste für den nächsten? Wenn das so ist, dann ist das kein magisches Leben. Du hast etwas Besseres verdient!

Jetzt ist der Zeitpunkt gekommen, dir selbst Priorität einzuräumen. Und sie beginnt mit deinen Selbstgesprächen.

Wiederhole die folgenden Affirmationen, wenn möglich laut, während du deinen Tee genießt. Beginne, dir selbst Priorität einzuräumen. Wenn du dich selbst zur Priorität machst, verändert sich deine Welt, und auch die Welt all derer um dich herum verbessert sich.

Also frage dich: Nimmst du dir genügend Zeit für dich?

Ich habe es verdient,
mir Zeit für mich zu nehmen.

Ich liebe es, mir am Morgen
und am Nachmittag ein wenig Zeit
nur für mich zu nehmen.

Ich genieße, ich liebe und schätze
die Momente, die ich für mich habe.

Ich bin glücklich, wenn ich inneren Frieden
verspüre, und dieser stellt sich ein,
wenn ich mir Zeit für mich nehme.

Ich habe es verdient, meinem Geist,
meinem Körper und meiner Seele
Ruhe zu gönnen.

Tiefes Atmen ist ein Zeichen, dass ich mir
Zeit nehme. Ich atme jetzt tief.

Ich habe es verdient, mir Zeit
für mein kostbares Selbst zu nehmen.

Tea Time Nr. 16

Jeder kommt mit Potenzial für Kreativität zur Welt. Das gilt auch für dich.

Jetzt will ich ehrlich sein: Ich habe die ersten vierzig Jahre meines Lebens anders gedacht. Leider. Aber das ist in Ordnung, jetzt weiß ich es besser. Ich dachte immer, ich hätte keinen einzigen Tropfen kreatives Blut in mir, aber jetzt spüre ich, dass es in mir pulsiert.

Und ich weiß, dass auch *du* kreativ bist. Du hast es vielleicht nur vergessen. Aber du musst wissen: Du bist kreativ. Du wurdest mit Kreativität geboren. Das wurden wir alle. Alle Kinder sind kreativ. Einige von uns haben es nur vergessen. Doch die Kreativität ist noch immer da, irgendwo tief in uns.

Du kannst einiges tun, um diese Kreativität freizusetzen. Kreativität ist schlicht die Verbindung von Gedanken, Ideen und Dingen, um etwas Neues zu entwickeln. Oder man denkt an etwas, das man liebt, und an etwas, das man nicht liebt, und stellt sich vor, was es bedeuten würde, wenn man beides zusammenbrächte.

Gib deinem Gehirn Material zum Arbeiten an die Hand, wie zum Beispiel Bücher, neue Erfahrungen, Fähigkeiten und Begegnungen mit einer Vielzahl von Menschen. Fülle deinen Kopf mit Ideen aller Art – auch mit Ideen, mit denen du nicht einverstanden bist –, und dann lässt du deinen Geist tun, was er ganz von allein tut, nämlich Neues erschaffen, indem er vergleicht, Verbindungen herstellt und neu gestaltet.

Ich bin kreativ! Natürlich bin ich das.

Ich wurde mit Kreativität geboren
und trage sie in mir.

Ich liebe es, kreativ zu sein.

Es ist meine Spezialität, Probleme zu lösen
und Dinge zusammenzufügen.

Erfindungsgabe und Einfallsreichtum
sind für mich selbstverständlich.

Mein Kopf ist voll von Ideen
in allen Formen und Größen.

Ich bin ein Naturtalent
in Sachen Kreativität. Das sind wir alle!

Tea Time Nr. 17

Menschen sind immer eine angenehme Gesellschaft, wenn sie das tun, was ihnen wirklich Spaß macht.
– Samuel Butler

Freue dich darauf, dass die Veränderung deiner Selbstgespräche deine Persönlichkeit verbessern wird. Sie wird dich in bessere Stimmung versetzen. Und dann wirst du feststellen, dass du überall mit mehr Energie und in besserer Stimmung auftauchst.

Das heißt, die Menschen werden es mehr genießen, in deiner Nähe zu sein. Manche werden es dir sogar ins Gesicht sagen! Und nicht nur Leute, die du schon lange kennst. Selbst Menschen, die du gerade erst kennengelernt hast, werden sagen: »Es ist so schön, in deiner Nähe zu sein.«

Bist du bereit, gute Stimmung zu verbreiten und neue Freunde zu finden?

Ich liebe es, meine gute Stimmung mit
anderen zu teilen.

Die Begegnung mit neuen Menschen
zaubert mir ein breites Schmunzeln
ins Gesicht.

Ich gehe zu Treffen und freue mich darauf,
mich zu amüsieren.

Die Liebe zu mir selbst
und zu meinem Leben
verstärkt meine positive Schwingung.

Ich bin ausgelassen und glücklich,
und andere lieben es, in meiner
Nähe zu sein.

Ich lebe ein verdammt gutes Leben,
und das sieht man.

Die Menschen sind gern in meiner Nähe,
und ich liebe es, Menschen um mich
zu haben.

Tea Time Nr. 18

Die beste Möglichkeit, Selbstgespräche für eine schnelle, blitzartige Veränderung in deinem Leben zu nutzen, ist, deine positiven Worte und Gedanken mit positiven Gefühlen zu verknüpfen. Das Denken und Fühlen ergibt eine wirksame und magische Kombination.

Nimm dir gleich jetzt einen Moment Zeit und denke an etwas, das du erreichen willst und das dich glücklich macht.

Verbeiße dich nicht in die Frage, *wie* sich die Sache manifestieren wird. (Das beschäftigt einen anderen Teil deines Gehirns, einen Teil, den wir vorläufig zu umgehen versuchen.) Du musst das Wie nicht kennen. Es wird sich mit der Zeit ergeben.

Deine Aufgabe ist im Moment, einfach großartig zu denken und zu fühlen. Fühle dich absolut fantastisch und gut dabei, die Dinge, die du haben willst, zu haben – stelle dir vor, du hast sie bereits –, und schwelge in diesen guten Gefühlen, weil du die Dinge verdient hast. Das heißt, denke einfach groß und fühle dich großartig. So beginnst du dein magisches Leben zu führen. Und dann halte die Augen offen. Bald wirst du den leuchtenden Weg sehen, auf dem du deine Träume verwirklichen kannst.

Ich glaube voll und ganz an meine Träume.

Ich denke erstaunliche Worte
und fühle erstaunliche Gedanken.

Gefühle von Liebe, Ehrfurcht, Staunen,
Dankbarkeit und Freiheit
bestimmen mein Leben.

Ich ziehe erstaunliche Dinge
und Menschen an, weil ich großartig
denke und fühle!

Ich bin der Meisterdirigent
meines Lebens.

Ich bin in jedem wachen Augenblick
Herr meiner Gedanken und Gefühle.

Ich bin glücklich. Ich bin Liebe.
Ich bin ermächtigt.

Ich bin ich!

Tea Time Nr. 19

Du hast bereits jetzt eine wahnsinnige Kraft in dir.

Diese Kraft ist ***Dankbarkeit***. Wenn du diese Dankbarkeit nutzt, verändert sie dich. Sie hebt sofort deine Stimmung. Sie verstärkt deine Energie. Sie kurbelt sogar dein Immunsystem an. Sie ist ein legitimer Weg, um mehr Glanz in dein Leben zu bringen. Schon jetzt.

Wir wollen sie also massiv nutzen.

Nimm dir einen Moment Zeit, während du deinen Tee trinkst, um über alles und jedes nachzudenken, für das du dankbar bist. Beginne gleich jetzt, indem du die Dinge laut aussprichst. Flüstere ihnen deinen Dank zu. Nimm einen Schluck Tee und sprich weiter. Nimm wieder einen Schluck und sage noch mehr. Es ist in Ordnung, die Dinge zu wiederholen, wenn du willst. Mache das fünf Minuten lang … deine fünf Minuten der Dankbarkeit.

Wofür bist du dankbar?

Ich bin dankbar,
mir meine Zukunft zu erschaffen.

Ich bin dankbar für meinen Verstand
und mein Bewusstsein.

Ich bin dankbar für meinen Tee.

Ich bin dankbar für die Natur,
die uns umgibt.

Ich bin dankbar für die Zellen
in meinem Körper.

Ich bin dankbar für Freundlichkeit
in dieser Welt.

Ich bin dankbar für mein Leben.

Tea Time Nr. 20

Langfristig wird die Zukunft von Optimisten entschieden. Um ein Optimist zu sein, brauchst du die ganzen Probleme, die wir schaffen, nicht zu ignorieren; du musst dir nur vorstellen, dass unsere Fähigkeit, sie zu lösen, besser wird.

– Kevin Kelly

Manchmal fragen mich die Leute, ob ich nicht eine kleine Pollyanna bin. Hm … nein! Aber darf ich ehrlich sein? Das ist für mich das tollste Kompliment.

Ja. Ich bin extrem optimistisch, und es ist meine optimistische Ausstrahlung, die mir hilft, Probleme zu lösen. (Und, ganz ehrlich? Sie hilft mir, an Tagen den Kopf aus dem Sand zu ziehen, an denen ich ihn noch tiefer hineinstecken möchte.)

Vor Glück zu strotzen, bedeutet nicht, Probleme, Herausforderungen oder Streitpunkte zu ignorieren. Ich gehe sie vielmehr mit einem Lächeln auf den Lippen und einem Funkeln in den Augen an. Wie es Kevin Kelly in dem Zitat oben ausdrückt, konzentriere ich mich darauf, meine »Fähigkeit zur Lösung von Problemen zu verbessern«, und ich bin wahnsinnig stolz auf meine optimistische Einstellung.

Lass dir also nie von jemandem sagen, du wärst zu optimistisch. Sag ihnen, dass du gerade erst anfängst, optimistisch zu sein!

Ich bin Optimist·in, und das hilft mir,
Probleme zu lösen. Oh ja!

Ich liebe es,
trotz der Umstände fröhlich zu bleiben.

Das hält mich bei Laune. Hurra!

Herausforderungen können mir
und meiner fröhlichen Einstellung
nichts anhaben. Genau, Baby!

Ich bin stark, wachsam, und ich liebe es,
optimistisch zu sein. Booaah!

Ich beginne meinen Tag
mit einem breiten Lächeln
auf dem Gesicht. Yesss!

Ich liebe mein Leben. Ich liebe es,
glücklich zu sein! Ich liebe es, optimistisch
zu sein! Schaut mich nur an!

Ich bin eine unglaubliche Person
mit einem starken Herzen
und einem lebhaften Verstand. Juhu!

Tea Time Nr. 21

Ich habe eine Botschaft für dich.

Wusstest du, dass du geboren wurdest, um zu strahlen? Du wurdest geboren, um aufrecht zu stehen. Du wurdest geboren, um das großartigste Leben zu führen. Du wurdest geboren, um dein Leben selbst in die Hand zu nehmen.

Dafür wurdest du gemacht. Du wurdest für deine Träume gemacht. Sie gehören dir, und das aus gutem Grund.

Fühle dich ermächtigt, denn du hast die Kontrolle über dein Schicksal. Alles beginnt damit, dass du die Kontrolle über deine Einstellung übernimmst. Du hast diese Macht und Fähigkeit. Es liegt alles an dir, Baby. Mach dich auf den Weg.

Was wirst du tun, jetzt, da du diese wichtigen Informationen hast?

Ich bin meiner Wünsche würdig.
Ich wurde geboren, um zu strahlen.

Ich liebe und akzeptiere mich
zu hundert Prozent.

Ich bin meiner eigenen Selbstliebe würdig,
so wie ich JETZT bin.

Ich habe die Kontrolle über mein Schicksal.
Ich habe die Macht und die Fähigkeit,
alles zu erreichen, was ich mir wünsche.

Ich bin brillant und liebe es zu lernen.
Ich bin eine Draufgängerin.

Ich bin Finesse! Ich bin Eleganz!
Ich bin klug und scharfsinnig!

Ich lebe ein ganz neues Leben,
angetrieben von meiner
erstaunlichen Denkweise.

Tea Time Nr. 22

Hast du je darüber nachgedacht, welche Rolle Disziplin bei deiner persönlichen Freiheit spielt? Seltsam, oder? Man könnte meinen, dass Disziplin das genaue Gegenteil bedeutet, nämlich ein Leben voller Restriktionen. Aber mit Disziplin kann man sich großartige Gewohnheiten aneignen, und diese Gewohnheiten machen dich erfolgreich, bieten dir Chancen und letztlich Freiheit!

Es gibt viele Möglichkeiten, um dich auf deinem unglaublichen Weg zu halten. Manchmal ist es die Inspiration, wenn du dir herrliche Ergebnisse in deinem Leben vor Augen führst. Manchmal ist es die Motivation, weil du voller Tatendrang bist und es kaum erwarten kannst. Und manchmal ist es Disziplin, die dich Tag für Tag deinen Weg weitergehen lässt.

Denn nicht jeder Tag ist mit Glitter übersät. An schwierigen Tagen lässt Disziplin dich weitermachen. Wenn du dich an diesen Tagen ein bisschen träge fühlst, sagt dir deine Disziplin: »Keine Sorge, rutsch rüber, ich übernehme das Steuer.«

Wie bekommt man Disziplin? Du verpflichtest dich zu deinem Handeln. Du setzt dich für dich ein. Und du stellst dich täglich den Dingen, was auch immer geschieht. Und diese Disziplin des Sich-Stellens schafft Gewohnheiten. Diese Gewohnheiten werden automatisch und mühelos. Und dann brauchst du keine Disziplin mehr, und alles wird leichter.

Ich bin diszipliniert. Ich bin motiviert.
Ich bin inspiriert.

Meine Disziplin schenkt mir Freiheit.

Ich kann mich auf mich selbst verlassen,
weil ich diszipliniert bin.

Ich liebe es, mir gute Gewohnheiten
anzueignen. Sie sparen Zeit.

Meine Arbeit fällt mir leichter,
weil ich diszipliniert bin.

Ich erziele herrliche Ergebnisse,
und die Disziplin hilft mir dabei.

Ich stelle mich den Dingen,
weil mein Leben es wert ist.
Ich bin es wert.

Tea Time Nr. 23

Was ist in deinem Leben im Moment wirklich cool?

Hast du ein neues Ziel, auf das du hinarbeitest? Ein neues Buch, das du liest? Hast du eine neue Freundschaft geschlossen? Einen Urlaub geplant?

Wenn du dich in den unschönen Momenten des Lebens auch nur an eine einzige coole Sache erinnerst – *irgendeine* –, kann das ausreichen, um deine Energie und Stimmung zu heben. Das kann dein Leben einfach dadurch, dass du an eine coole Sache zurückdenkst und sie wertschätzt, sofort in eine neue Richtung lenken.

Nimm dir einen Moment Zeit, um an eine coole Sache zu denken. Sende Wellen der Wertschätzung für diese coole Sache aus und nimm dir einen Augenblick Zeit zu lächeln.

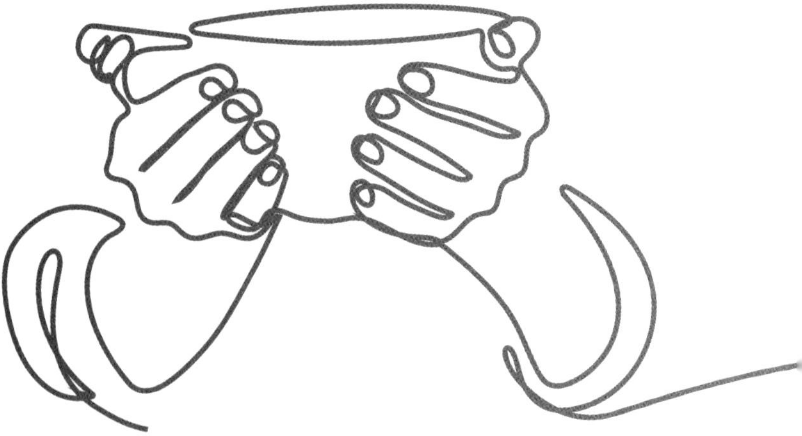

Mir passieren ständig coole Dinge.

Ich bin ein Magnet für coole Sachen.
Her damit!

Ich spiele und tanze durchs Leben,
ich fühle mich cool und voller Liebe.

Ich bin so gut in so vielen Dingen.

Ich liebe es, mit anderen zu teilen.
Ich vergleiche nicht.

Ich erlebe gerade großartige Dinge.
Ich liebe es, coole Ziele zu haben.

Ich bin es wert, zu leben,
zu lieben und zu teilen.

Tea Time Nr. 24

Das Visualisieren ist der Schlüssel zur Manifestation deines erstaunlichsten Lebens. Um Schritte hin zu dem von dir gewünschten Leben zu tun und es anzuziehen, musst du ein Bild davon vor Augen haben.

Wenn man ein Haus baut, aber keinen Bauplan hat, kann man nicht wissen, wo man anfangen soll. Mit der Visualisierung ist es das Gleiche. Mach dir im Geist ein Bild von dem, was du dir in deinem Leben wünschst. Hab es vor Augen. Denke daran. Liebe es. Glaube daran. Halte das Bild im Geiste fest und lass dich davon bezaubern. Sei von diesem Bild begeistert!

Lass die Bilder deiner Träume etwas Wildes in dir wecken.

Ich stelle mir vor,
dass mein fantastischstes Leben
wahr wird.

Ich bin ganz und geheilt
und lebe ein spektakuläres Leben.

Um mich herum und in mir
ist überall Magie.

Ich habe mein Leben,
so wie ich es mir wünsche, vor Augen.
Ich ziehe es zu mir.

Ich durchstöbere das Alltägliche,
um das Wunderbare zu finden.

Meine Bedürfnisse werden
immer befriedigt werden.
Ich bin fähig. Ich bin sicher.

Die Welt steht mir offen,
ich sehe, denke, fühle.
Und ich glaube an mich!

Tea Time Nr. 25

Veränderungen habe ich schon immer geliebt. Als Kind wechselte ich mehrfach zwischen verschiedenen Schulbezirken und habe es immer gemocht. Vielleicht liegt es daran, dass ich Sternzeichen Zwilling bin! Wie auch immer, Veränderungen haben für mich immer Spaß bedeutet.

Aber manchmal kommen Veränderungen auch in Form von solch großen Herausforderungen auf dich zu, dass du dich vielleicht fürchtest. Es mag sich anfühlen, als würden die Wände um dich herum näher rücken. In deinem Leben verändert sich etwas, und vielleicht fühlst du dich dadurch bedroht.

Heutzutage bedeutet Veränderung Auswahl. Du hast die Wahl, wie du auf die Veränderung reagierst. Du entscheidest, ob du dazu positiv oder negativ stehst. Ob du Veränderungen als Bedrohung oder als Gelegenheit zu wachsen betrachtest. Denn jede Veränderung bringt Wachstum mit sich. Und du wirst jede Veränderung überstehen. Du hast die Wahl: Wirst du die Fahrt genießen, während sie stattfindet, oder wirst du unglücklich sein? Wirst du die Augen nach Chancen offen halten und dir einen Plan ausdenken, um durchzuhalten, oder wirst du ausflippen, an den Fingernägeln kauen, dich zusammenkauern und heulen? *Die Entscheidung liegt bei dir.*

Was die eine Person als wahnsinnig bedrohlich wahrnimmt, könnte eine andere als Gelegenheit oder Abenteuer betrachten. Wenn es zu Veränderungen kommt, hast du die Wahl. Wie wirst du reagieren?

Ich liebe Veränderungen.
Ich begrüße Veränderungen.

Veränderung heißt Wachstum,
und das heißt Chancen.

Veränderungen bringen Lektionen
mit sich, die ich in der Zukunft
nutzen kann.

Ich begrüße Veränderungen vorbehaltlos.

Ich entscheide mich. Ich entscheide,
den Regenbogen zu sehen, weil ich weiß,
dass er da ist.

Veränderungen! Ich tanze meinen Weg
durch Veränderungen.

Ich grabe tief nach Edelsteinen,
und ich stehe jede Veränderung durch.
Ich liebe sie!

Tea Time Nr. 26

Wenn du dir etwas in deinem Leben wünschst, musst du dein Leben mit Bildern davon erfüllen, dir die Szene vorstellen, als wäre sie real und geschehe schon heute – weil du nur so darauf konzentriert bleibst und deine Energie darauf richten kannst. Und, ganz ehrlich, es macht Freude, wenn du an Dinge denkst, die du gern erreichen möchtest, anstatt dich auf Frustrierendes zu konzentrieren und dich zu stressen.

Das raffinierte kleine Geheimnis dabei ist, dass es, wenn du es immer wieder tust, immer wieder und immer wieder, deinen Glauben an das, was du dir vorstellst, stärkt. Dadurch fühlt sich deine Vision realer an. Und das macht es viel wahrscheinlicher, dass sie sich erfüllt. Wenn du deine Träume klar vor Augen hast, kannst du sie schneller verwirklichen.

Um die Bilder noch lebhafter im Kopf zu haben, suche in Zeitschriften oder im Internet nach Fotos der Dinge, die du dir wünschst. Wenn du dich mit diesen Bildern umgibst, bleibt das Bild deiner Traumzukunft in deinem Kopf.

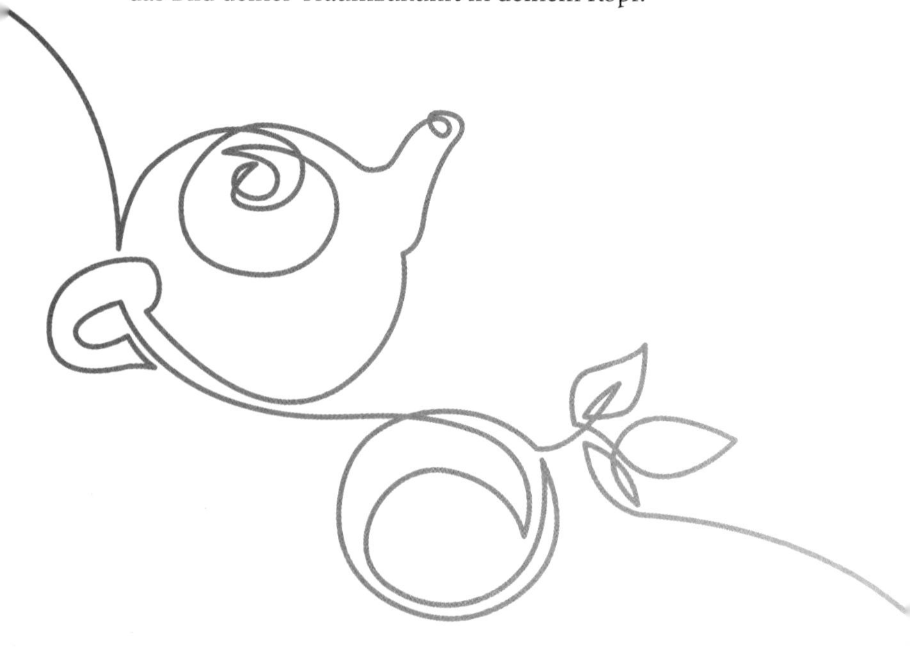

Ich glaube an mich,
und ich glaube an meine Träume.
Genau, Baby!

Ich träume im hellwachen Zustand,
und ich bin für mein Tun verantwortlich.

Das ist jetzt mein Leben.
Ich bin auf dem Vormarsch.
Ich bin voller Tatendrang.

In meinem Geist werde ich lebendig.
Ich triumphiere!

Ich bin bereit. Ich bin mächtig.
Ich bin unglaublich. Ich bin begabt.

Ich bin ein Superstar.
Ich bin Regenbogen, Glitzer und Glanz.

Seht mich nur an!

Tea Time Nr. 27

Nach allem, was darüber gesagt wurde, dass man so oft wie möglich positive Selbstgespräche führen soll, kann es sich stressig anfühlen, wenn man einen Moment des negativen Selbstgesprächs erlebt. Denn du weißt, dass es schädlich sein kann, und du wirst dich in diesem Augenblick vielleicht fragen, ob du deine Bemühungen gerade in den Sand setzt.

Nun, lass mich dich beruhigen und feststellen, dass es nur um das Gleichgewicht geht. Es ist unrealistisch zu denken, dass du nie wieder einen negativen Gedanken oder negative Gefühle haben wirst. Tatsächlich können negative Gedanken oder Gefühle manchmal das Bewusstsein dafür schärfen, wie fantastisch es ist, positive Gedanken und Gefühle zu haben. Es kann wie ein Rütteln an den Schultern sein, um dich wieder auf den richtigen Weg zu bringen.

Du musst nichts anderes tun, als die Mehrzahl deiner Gedanken und Gefühle positiv zu halten, denn dann wirst du diese Positivität in deinem Leben weiter manifestieren. Lass dich nicht von ein paar Rückschlägen aufhalten. Wenn du merkst, dass es geschieht, wische einfach den Schmutz von deinen Schultern, schwing dich wieder auf deinen Pegasus und fliege, fliege, fliege!

Ich bin gelassen.
Ich habe meinen Seelenfrieden.

Ich bin freundlich und großzügig.

Ich bin Liebe,
und ich gehe sanft mit mir um.

Ich achte meine Denkweise.
Sie ist so gut für mich.

Ich bin stark. Und alles ist gut. Immer.

Ich sprudele
vor Liebe und Wertschätzung über.

Ich blicke mich um und sehe
all die Helligkeit um mich herum.

Tea Time Nr. 28

Wir alle denken nur eingleisig. Das heißt, wir können an schöne oder an hässliche Dinge denken. Aber wir können nicht gleichzeitig an das Schöne und das Hässliche denken.

Wenn du also feststellst, dass du im Kopf eine negative Treppe hinabsteigst, dann klatsche in die Hände, blinzele dreimal und schnippe mit den Fingern. Sage: »Veränderung!!« (Schrei es heraus, singe es, summe es … was immer du willst.)

Ändere in diesem Moment deine Gedanken hin zu etwas Positivem. Das kann alles sein, von Gedanken an dein flauschiges Haustier, an eine Fernsehshow, die du dir anschauen willst, oder an die Begeisterung darüber, deine Selbstgespräche zu nutzen, um deine Träume wahr werden zu lassen. Dass du es schaffst.

Und ich versichere dir, sobald du anfängst, positiver zu denken, tja, dann wirst du immer *noch* positiver denken! Das liegt daran, dass du mehr Positives anziehen wirst. Du wirst mehr Positives um dich herum wahrnehmen, das schon immer da war.

An welche positiven Dinge denkst du am liebsten? Erstelle eine Liste und bewahre sie griffbereit auf, damit du sie immer zur Hand hast.

Ich zeige der Welt, was Liebe ist.

Ich zeige der Welt, wie Ehrfurcht aussieht.

Ich bin voll Kreativität und Begabung.
Sie surren in mir.

Ich liebe meine Einstellung zu Wachstum.
Ich bin nicht aufzuhalten!

Mir fallen für jede Situation
und jedes Problem mit Leichtigkeit
alternative Wege ein.

Ich liebe die Inspiration,
und die Inspiration liebt mich.

Das Leben ist reine Magie,
und ich bin es auch.

Tea Time Nr. 29

Du hast tatsächlich die Macht, deine Realität selbst zu erschaffen.

Ich habe mir das fantastischste Leben geschaffen. Nur durch meine Gedanken und Worte, die zu Chancen und Taten geführt haben. Ich habe so fest daran geglaubt, weil ich meine Träume so sehr geliebt habe. Und sie sind wahr geworden.

Du hast die Macht, was immer du willst zu erschaffen. Du musst deinen Geist als Werkzeug nutzen, um das beste Leben für dich zu entwerfen. Er ist das wirksamste Werkzeug überhaupt. Du hast alles, was du brauchst, schon in dir, weil sich alles in deinem Kopf abspielt. Und hier beginnst du. Du hast die Macht, deine Perspektive zu bestimmen, um dein Leben zu gestalten.

Sobald du das erkennst, unternimmst du den ersten Schritt.

Mache dich gleich heute auf den Weg.

Meine Worte haben mehr Bedeutung
als jemals zuvor.

Heute ist ein Tag zum Träumen.
Das ist jeder Tag.

Ich bin Macht. Bäm! Wumms!
Na bitte schön!

In mir lodert ein Feuer,
ich bin voller Inspiration und Innovation.

Ich lebe das fantastischste Leben.
Dafür danke ich!

Ich liebe meine Träume. Dafür danke ich!

Ich bin zuversichtlich und mutig.
Dafür danke ich!

Tea Time Nr. 30

In schwierigen Zeiten solltest du dir etwas suchen, was dich begeistert, und du wirst eine schöne Quelle der Freude entdecken.

Oder du setzt dir ein neues Ziel. Das kann alles Mögliche sein, zum Beispiel etwas Neues zu lernen, deine Fitness zu steigern oder einen Aspekt deines Lebens zu verbessern. Das Planen einer Reise. Oder mit der Lektüre einer umfangreichen neuen Fantasy-Serie zu beginnen.

Jedes Mal, wenn du dich gestresst oder überfordert fühlst, solltest du etwas suchen, wofür du dich begeistern kannst. Dann wirst du trotz der Umstände mehr Freude erleben.

Ich liebe es, mich für etwas zu begeistern.
Es bedeutet Spaß!

Begeisterung lässt mich strahlen
und lächeln.

Ich bin hier, um zu spielen
und um über den Dingen zu stehen.

Alles ist bestens.

Ich bin dazu fähig
und nutze diese Fähigkeit.

Ich liebe Ziele, Pläne und Versprechungen,
die ich mir selbst gebe.

Ich entwerfe meine eigene Welt.
Ich kann die Farben selbst wählen!

Tea Time Nr. 31

Émile Coué, ein hervorragender Psychologe und Pharmazeut, hat eine beliebte Methode der Selbstverbesserung eingeführt, basierend auf wiederholten positiven Suggestionen. Er verordnete folgendes Mantra:

Es geht mir mit jedem Tag in jeder Hinsicht immer besser und besser.

Als ich an Covid-19 erkrankte, war das auch mein Mantra, allerdings sagte ich mir: »Mir geht es jede Stunde in jeder Hinsicht immer besser und besser.«

Das war fantastisch und unglaublich wirksam. Ich muss kichern, weil es so wahnsinnig einfach war. Trotz des hohen Fiebers und der Symptome hielt ich daran fest, den Satz zu denken und zu flüstern. Daran zu glauben. (Allerdings nicht, während ich mir *Emily in Paris* anschaute. Hahaha.)

Und das Ergebnis? Meine Corona-Erkrankung war im Nu überstanden.

Das Mantra funktioniert bei allem, nicht nur bei gesundheitlichen Problemen. Wie kannst du dieses positive Denken für dein Leben nutzen? Worin möchtest du immer besser und besser werden?

An jedem einzelnen Tag
werde ich in jeder Hinsicht
immer klüger und klüger.

An jedem einzelnen Tag
und in jeder Stunde des Tages
übernehme ich in jeder Hinsicht
die Verantwortung für
meinen erstaunlichen Verstand.

In jeder Sekunde jedes Tages liebe
ich mich in jeder Hinsicht immer mehr.

Jeden Tag werde ich in jeder Hinsicht
immer kreativer und kreativer.

An jedem Tag heilt mein Körper
in jeder Hinsicht immer mehr.

Jeden Tag werde ich in jeder Hinsicht
immer reicher und reicher.

Jeden Tag werde ich in jeder Hinsicht
immer ruhiger und gelassener.

Tea Time Nr. 32

Wenn du in deinem Leben mehr Wertschätzung erfahren willst, konzentriere dich darauf, andere wertzuschätzen. Wenn du mehr geliebt werden willst, konzentriere dich darauf, andere zu lieben. Wenn du mehr Dankbarkeit erfahren willst, konzentriere dich darauf, selbst dankbar zu sein.

Was immer du dir in deinem Leben wünschst, sorge dafür, dass diese Sache für dich das Wichtigste ist. So einfach ist das. Was immer du dir wünschst, es beginnt bei dir.

Wovon möchtest du mehr in deinem Leben haben?

Was tust du, um mehr davon zu bekommen?

Ich bin hier, um voranzukommen,
und ich sehe den Wohlstand
überall um mich herum.

Ich bin hier, um zu lieben,
und ich schieße Liebespfeile auf alles.

Ich bin hier,
um mein sagenhaftes Leben zu führen,
und ich erlebe jeden Tag Magie.

Ich bin hier.
Alles, was ich mir wünsche, beginnt bei mir.

Wenn ich mich auf Glück konzentriere,
erlebe ich mehr Glück. Glück!

Wenn ich nach lächelnden Menschen
Ausschau halte, lächle ich mehr. Lächeln!

Alles ist bestens!

Tea Time Nr. 33

Der schnellste Weg, sich fantastisch zu fühlen, verläuft über Altruismus ... einem anderen Menschen zu helfen, ihm einfach mal einen Gefallen zu tun – oder vielleicht etwas zu spenden? Mitgefühl. Hilfe. Liebe. Altruismus ist ein Elixier für Langlebigkeit, denn Menschen, die sich für andere einsetzen, sind in jeder Hinsicht glücklicher und gesünder.

Die Wissenschaft hat nachgewiesen, dass das Geben eine wichtige Rolle für Belohnung und Freude spielt. Kein Wunder, dass es sich so fantastisch anfühlt, wenn man altruistisch ist. Es ist ein Erste-Klasse-Ticket für ein magisches Leben.

Nimm dir gleich jetzt einen Moment Zeit und überlege, wem du helfen könntest. Es könnte ein Kollege oder ein Familienangehöriger sein. Oder ein Nachbar. Du könntest ihm eine Textnachricht schicken, in der du zum Ausdruck bringst, wie sehr du ihn schätzt. Du könntest ihm ein paar Kekse backen oder ihn zu einer Tasse Kaffee einladen.

Du könntest ihn in die Arme schließen und anlächeln. Oder ihm ein Kompliment machen. Wenn wir anderen einen Gefallen tun und eine Freude machen, heben wir unsere Energie auf ein neues, höheres Niveau und strahlen damit Liebe in die Welt aus.

Es liegt mir im Blut,
zu anderen freundlich zu sein. Ich liebe es.

Ich habe ein großzügiges Herz,
und das fühlt sich so wunderbar an.

Mit anderen zu teilen zaubert mir ein
Lächeln ins Gesicht. Ja! Teilen ist Fürsorge!

Wenn ich freundlich und großzügig bin,
verbessere ich meine Welt
und mein Leben.

Helfen. Liebe. Mitgefühl. Altruismus.

Dadurch wird mein Leben magisch.

Die Welt schätzt es, wenn ich anderen
helfe. Das ist die richtige Lebensweise.

Heute ist ein großartiger Tag,
um anderen zu helfen.

Es ist ein großartiger Tag,
um großzügig zu sein.

Gleich jetzt!

Tea Time Nr. 34

Erwartungen sind ein fantastischer Kniff des Geistes. Wenn du erwartest, dass etwas Wunderbares geschieht, ist die Wahrscheinlichkeit groß, dass es tatsächlich passiert! Das heißt, dass du entspannter bist. Du wirst deine Hände öffnen und nicht die Fäuste ballen. Die Erwartung stärkt deinen Glauben daran, weil es in deinem Geist bereits geschehen ist.

Also erwarte großartige Dinge und gehe davon aus, dass du dein Leben genießen kannst.

Denn du wirst es genießen.

Ich erwarte das Beste,
weil ich das Beste verdient habe.

Ich lebe ein erstklassiges Leben
voller Freude, Spaß und Liebe.

Ich bin hier, um ganz oben mitzuspielen.

Meine Denkweise ist perfekt.

Meine sprühende Energie
und meine feurige Intuition leiten mich.

Es ist sicher, meiner Wahrheit zu folgen.
Ich bin sicher.

Ich manifestiere alles,
was ich mir wünsche.

Ich lebe in einem Zustand des Staunens,
der Ehrfurcht und der Erwartung
des Besten. Unentwegt.

Tea Time Nr. 35

Deine Gefühle sagen dein Schicksal voraus. Deine Emotionen sind die Kanarienvögel in der Kohlenmine. Deine Emotionen sind dein Kompass und dein Wegweiser.

Deine Emotionen haben, wie du weißt, ein breites Spektrum, und es ist ein großartiges Rezept für ein glücklicheres Leben, so viele positive Emotionen wie möglich zu empfinden.

Doch wenn du niedergeschlagen bist und deine Emotionen negativ sind, ist es, als würde dieser Kanarienvogel zirpen: »Zirp! Zirp! Sei auf der Hut!«

Wann immer du wissen willst, wohin dich der Tag (oder dein Leben) führt, gehe einfach in dich und beobachte, welche Gefühle dich umtreiben.

Wie fühlst du dich *genau in diesem Moment*?

Mein Leben ist interessant,
und ich bin interessant!

Ich bin hier, um meine schöne,
strahlende Seele zu entdecken.

Ich höre auf meine eigene
glückliche Wahrheit.

Ich erschaffe, was ich erschaffen möchte.
Es liegt in meiner Macht.

Ich weiß von allein, was für mich
am besten funktioniert, und folge
meinem Gefühl. Ich lausche ihm.

Es ist leicht, mein großartiges Leben
anzuziehen, und ich beginne
bei meiner Ausstrahlung.

Freude funkelt überall um mich herum,
über mir und durch mich hindurch.

Tea Time Nr. 36

Wenn du den Eindruck hast, in Unsicherheit und Zweifeln zu versinken, dann musst du eines tun: deinen Fokus auf das lenken, was in dieser Situation »richtig« laufen könnte! Versuch es einfach.

Überlege: Was ist möglich? Was könnte in dieser Situation gut sein? Was könnte sich daraus Gutes entwickeln, was ich bisher noch nicht in Betracht gezogen habe?

Gehe so viele Szenarien durch wie nötig, damit du dich allmählich ruhiger fühlst. Manchmal führt diese Übung zu einem breiten Lächeln. Ein anderes Mal entspannt sie dich einfach, weil dir klar wird, dass die Situation gar nicht so schlimm ist, wie du dachtest.

Ich lenke meinen Fokus
auf all die unglaublichen Möglichkeiten
und all das Gute, das ich erfahren werde.

Ich fokussiere meinen Geist
und mein Augenmerk darauf,
etwas Neues zu entdecken.

Was auch immer ich zu tun bestimmt bin,
es wird ein Erfolg werden.

Ich eile von Erfolg zu Erfolg.
So bin ich nun einmal.

Ich konzentriere mich auf das,
was mich beflügelt. Ich strahle.

Ich gleite auf einem
schimmernden Regenbogen dahin.

Die Straße ist mit Gold gepflastert,
und ich leuchte mir den Weg.

Ich bin für meine Beharrlichkeit
und meine Großartigkeit dankbar. Juhu!

Tea Time Nr. 37

Ein großer Teil der Gesundheit und des Wohlbefindens ist reine Kopfsache.

Nehmen wir zum Beispiel die Dankbarkeit ... Wusstest du, dass Dankbarkeit dein Immunsystem ankurbelt? Oder der Glaube ... der Glaube an die Selbstheilungskraft deines Körpers ist allein schon wirksam. Es gibt ein ganzes Wissenschaftsgebiet, das sich mit dem Placeboeffekt beschäftigt; wenn also der Glaube, dass ein Scheinmedikament wirksam ist, tatsächlich dazu führt, dass es wirkt. Was spielt sich da ab? Es ist doch erstaunlich, dass dein Körper darauf reagiert, nur weil dein Gehirn glaubt, es sei ein echtes Medikament. Wie funktioniert das bitteschön? Verblüffend, oder?

Nutze die Kraft deines Unterbewusstseins jedes Mal, wenn du krank bist; wenn du zum Beispiel Kopfschmerzen hast oder an prämenstruellen Krämpfen leidest. Nutze deine Einstellung zur Dankbarkeit und zum *Glauben an die Heilungskraft deines Körpers*, und finde dann Dinge, die dir im Leben Freude bereiten und dazu beitragen, dass dein Körper sich entspannt, was deine unglaubliche Heilung weiter fördert.

Ich verdiene Gesundheit und Ganzheit.

Mein Körper
ist eine starke Selbstheilungsmaschine.

Ich bin voller guter Schwingungen,
die mich für Heilung rüsten.

Ich fühle mich ganz. Ich heile.
Ich fühle mich fantastisch.

Ich strahle – von Kopf bis Fuß.

Heile, Körper, heile.

Wunderbarer Körper,
ich liebe dich so sehr.

Mein Körper ist voller lächelnder Emojis,
die durch mich hindurchschwirren
und mich heilen.

Tea Time Nr. 38

Innere Führung sorgt immer für Frieden.

Doch sobald du etwas erzwingst, wird die Situation schwieriger. Mache stattdessen einen Schritt zurück und frage dich: ***Was halte ich wirklich davon?*** Und dann lässt du alle dich einschränkenden Möglichkeiten fallen. Höre auf, die Dinge nur zu »versuchen«. Ignoriere deine Liste der Für und Wider. Es gibt keine Punktetabelle. Es besteht keine Notwendigkeit, alles überzuanalysieren.

Entspanne dich lieber. Entspanne deine Schultern. Atme tief durch. Umgib dich mit Stille. Höre in dich hinein und auf deine Intuition. Achte auf das, was sie dir sagt.

Deine innere Stimme versucht immer, mit dir zu kommunizieren, doch wenn es nicht still ist, wirst du sie nicht hören. Wenn du ständig von den sozialen Medien, Artikeln oder Nachrichten bombardiert wirst, wirst du deine eigene starke Stimme nicht wahrnehmen. Wenn du jedoch aufhörst, deinen Geist mit Meinungen und Lärm von außen zu überfordern, kannst du deine innere Stimme, die dich leiten will, hören.

Die Antwort kommt immer dann, wenn dein Geist klar ist.

Ich habe meinen Seelenfrieden.
Ich bin von Stille umgeben.

Meine Intuition leitet mich,
und ich liebe den Weg, den sie mir weist.

Mir fällt es leicht, still zu sein
und auf meine Intuition zu hören.

Ich ehre meinen Atem und die Stille,
die mir die Antworten liefert.

Ich liebe es, neugierig zu sein.

Ich bin gelassen und mit mir im Reinen.

Ich atme das Unbekannte ein
und werde lebendig. Mir fällt gerade
eine bahnbrechende Idee ein.

Ich bin still. Ich bin glücklich. Ich bin bereit.

Tea Time Nr. 39

Mit einer positiven Einstellung siehst du die Dinge klarer. Mit einer positiven Einstellung fallen dir Entscheidungen leichter. Weshalb? Weil dein Optimismus zu einem Hauch von Losgelöstheit führt, zu einem Gefühl zu wissen, dass sich die Dinge fügen werden – und zu einem Gespür dafür, dass sich immer neue Chancen auftun.

Eine engstirnige und negative Denkweise führt hingegen dazu, dass sich Türen schließen.

Mit offenem Geist ist das Leben immer leichter.

Ich liebe meinen beweglichen Verstand.

Überall um mich herum sind Chancen
und Türen, die sich öffnen können.

Ich liebe es zu experimentieren
und zu spielen; und meine Neugier
bringt mich zum Lächeln.

Ich bin es wert. Wir alle sind es wert.

Ich bin ein·e Alchemist·in und setze meine
eigene Kraft frei. Ich bin pure Energie!

Wohin ich mich auch wende,
überall ist Überfluss. Hier. Und da. Überall!

Ich umarme mein Selbstwertgefühl,
und mein Selbstwertgefühl
umarmt mich zurück!

Tea Time Nr. 40

Zwei Dinge, die Meister und Meisterinnen im Manifestieren *niemals* tun: Sie lassen sich niemals von Zweifeln leiten. Sie lassen nicht zu, dass negative Gefühle ihren Tag bestimmen.

Zwei Dinge, die Meister und Meisterinnen im Manifestieren *immer* tun: Sie führen ihr Leben im festen Glauben an sich selbst. Sie lassen positive Gefühle ihren Tag bestimmen.

Zu welcher Kategorie zählst du?

Ich bin ein·e Meister·in,
im Manifestieren, weil ich an mich glaube.

Ich bin ein·e Meister·in
im Manifestieren, weil meine Energie
positiv ausstrahlt.

Ich bin ein·e Meister·in
im Manifestieren, weil ich den Weg kenne.

Ich bin ein·e Meister·in
im Manifestieren, weil ich geduldig bin.

Ich bin ein·e Meister·in
im Manifestieren, weil ich voller Liebe bin.

Ich bin ein·e Meister·in
im Manifestieren, weil ich durch
mein Leben tanze.

Tea Time Nr. 41

Ich habe in meinem Kopf einen sicheren Raum. Er hat leuchtend pinkfarbene Wände und eine schicke Couch mit Leopardenmuster.

Wann immer die Welt mir eine unangenehme Überraschung beschert ... oder wenn ich nicht weiß, wie ich mit einer Sache weiterkomme ... oder wenn ich Angst habe, schließe ich die Augen und ziehe mich in diesen Raum zurück, wo es sicher und ruhig ist.

Darin ist es kühl. Friedlich. Hier gibt es keine vorgefassten Meinungen, was richtig oder was falsch ist. Keine Anforderungen. Keine Deadlines.

Und sobald ich wieder zu mir selbst gefunden habe, strecke ich mich, lasse die Schultern kreisen und kann wieder eine knallharte Type sein und mein magisches Leben führen.

Wie sieht der sichere Raum in deinem Kopf aus?

Ich finde meinen Frieden,
wann immer ich will.

Ich bin zuversichtlich
und sicher und hart wie ein Fels.

Aus den Kulissen heraus ins Rampenlicht
... Hier bin ich!

Ich entzünde meine eigene Lunte.
Ich zünde mein eigenes Streichholz an,
weil ich ein knallharter Typ bin!

Ich vertraue darauf, meinen Weg zu finden.

Ich vertraue auf meinen magischen Geist,
um wieder auf den richtigen Weg
zu gelangen!

Ich bin großartig!

Tea Time Nr. 42

Manchmal muss man eine große Veränderung vornehmen, um die Dinge aufzurütteln und das eigene Verhalten radikal zu ändern.

Vielleicht ist dafür ein Umzug vonnöten. Oder man muss die alten Möbel loswerden. (Und sie nicht ersetzen!) Oder den Schrank entrümpeln. Manchmal bedeutet es, etwas radikal aus seinem Leben zu entfernen, es schnell abzureißen wie ein Pflaster. Manchmal bedeutet es, sich voll und ganz auf etwas großes Neues zu stürzen und das ganze Leben zu verändern.

Manchmal erzeugt diese große Umwälzung eine riesige Welle, auf der man leichter surfen kann, weil sie so groß, so gewaltig ist, dass sie alles andere überwältigt und all die kleinen Ablenkungen auslöscht.

Gibt es eine große Veränderung, die du in deinem Leben vornehmen musst?

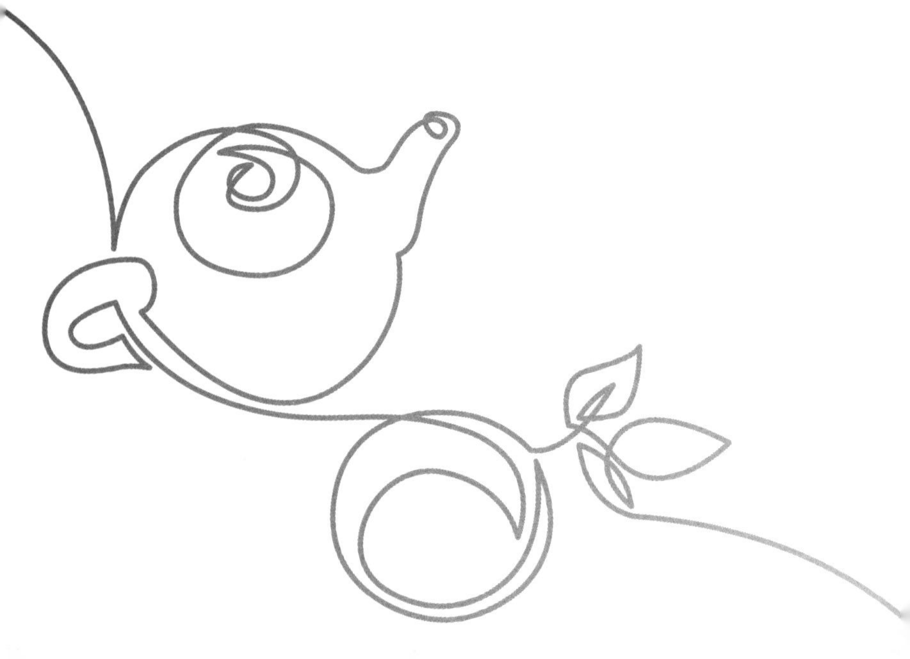

Ich liebe Veränderungen!
Und wenn ich groß einsteige,
dann richtig groß!

Ich baue meine Träume auf,
indem ich mich jeden Tag
meinem Leben stelle.

Ich bin mutig. Ich stehe voll im Saft!
Ich strahle.

Ich schaffe es. Ich mache es! Juhu!

Ich bin von meinen eigenen Fähigkeiten
und meinem Können beeindruckt.

Meine Widerstandskraft
überrascht mich jeden Tag.

Ich bin berufen, mein sagenhaftes,
magisches Leben zu führen.

Tea Time Nr. 43

Wenn du das Universum um Zeichen bittest, ignoriere sie nicht, wenn sie auftauchen.
– Heidi Dellaire

Ich habe meine positiven Selbstgespräche genutzt, um im Laufe der Jahre immer mehr Wohlstand zu manifestieren.

Und dann ergab sich eine Gelegenheit. Aber ich war davon nicht ganz überzeugt. Deshalb habe ich abgelehnt. Nun, die Gelegenheit bot sich bald ein zweites Mal, diesmal stärker. Aber ich war davon immer noch nicht ganz überzeugt. Deshalb ließ ich sie erneut ungenutzt. Selbstverständlich habe ich mich gefragt: »Mache ich das Richtige?« Ich hatte ja keine Kristallkugel, die mir sagte, was ich tun sollte.

Nun. Es war lustig. Die Gelegenheit bot sich wieder. Noch einmal. Und dieses Mal war es eine viel bessere Chance als die beiden zuvor zusammen. An diesem Punkt blickte ich zu den Sternen hinauf und fragte: »Wollt ihr mir vielleicht etwas sagen?«

Und so ergriff ich die Chance. Nahm das Angebot an. Und blickte nicht zurück.

Gibt es etwas, bei dem du auf die Schlummertaste drückst? Hast du das Gefühl, dir tippt jemand ständig auf die Seele und fordert dich damit auf, etwas zu tun?

Ich vertraue darauf, dass ich empfange.

Ich bin wohlhabend und zuversichtlich.

Ich achte auf die Zeichen,
die mich leiten sollen.

Ich höre auf meine Intuition.

Ich weiß, dass ich immer ein Rockstar bin,
egal, wofür ich mich entscheide,
und dass ich immer meinen eigenen Weg
gehen werde.

Ich achte auf meine Gefühle.
Ich achte auf meine Energie.

Ich bin dankbar. Ich bin dankbar.
Ich bin dankbar.

Tea Time Nr. 44

Dankbarkeit bringt *goldenen Feenstaub* in mein Leben.

Sie macht mich glücklicher. Sie hebt meine Stimmung jeden Tag, sei er hell oder dunkel. Und das wird auch bei dir der Fall sein. Sie macht das Leben magisch.

Nutze Dankbarkeit als Werkzeug in deinem Glückswerkzeugkasten. Erfülle dein Leben mit Dankbarkeit; dadurch wird es viel einfacher, die Dinge, die du dir wünschst, zu manifestieren.

Je mehr Dankbarkeit du empfindest, desto mehr lächelst du und desto schneller kannst du deine Träume verwirklichen – alle. Dankbarkeit füllt Kerosin in den Tank deines magischen Lebens.

Wovon wünschst du dir mehr? Wofür bist du dankbar?

Ich bin dankbar für das Geld
auf meinem Konto.

Ich bin dankbar für die Liebe,
die ich in mir habe.

Ich bin dankbar für die Energie,
die ich besitze.

Ich bin dankbar für die Beziehungen,
die ich habe.

Ich bin dankbar für mein
kuscheliges Kopfkissen, mein Zuhause,
meinen Tee und für mich.

Ich bin dankbar für
meine fantastischen Selbstgespräche!

Ich bin dankbar, morgen für
einen weiteren herrlichen Tag
aufzuwachen.

Tea Time Nr. 45

Wäre es nicht mega, ein Leben mit null Stress zu führen? Wahr ist aber, dass uns Stress widerstandsfähig macht. Ein klein wenig Stress ist tatsächlich gut für uns.

Denke darüber nach ... Was machst du, wenn du ins Fitnessstudio gehst und Gewichte stemmst? Du belastest deinen Körper. Und dann gehst du am nächsten Tag nicht zum Training, damit sich deine Muskeln erholen können. Und durch diese Erholung wird dein Körper stärker. Um stärker zu werden, braucht er tatsächlich Ruhe. Diese ist unerlässlich.

Das Gleiche passiert bei mentalem Stress: Es ist gut, ein wenig davon zu haben. Er hilft dir, stärker zu werden. Nicht der Stress ist schlecht, sondern dein Umgang mit dem Stress und *wie du dich davon erholst*. Es ist dieser Stress-Erholungszyklus, der dich widerstandsfähig macht. Und das erreichst du, indem du dir eine angemessene Erholungszeit gönnst. Das ist etwas ganz anderes als der gefährliche chronische Stress, der nie endet und keine Erholung kennt.

Wenn du das nächste Mal gestresst bist, atme tief durch. Falls du ausgerastet bist, ist das okay. Wichtig ist, die Stressphase durchzustehen (nutze deine Selbstgespräche als Hilfe), und sich dann Zeit für die Erholung zu nehmen. Schaffe ein Ritual oder eine Belohnung. Nimm dir eine Stunde Zeit für dich. Treibe Sport oder gehe spazieren. Suche nach einer Möglichkeit, die dir hilft, dich nach dem Stress zu erholen, und du wirst mit der Zeit eine wahnsinnige Widerstandskraft aufbauen.

Ich wachse an stressreichen Situationen.

Ich werde im Leben immer besser.

Ich nehme mir Zeit, mich zu erholen,
weil mich das stärker macht.

Ich habe diese Erholungszeit verdient.
Ich liebe es, mich zu erholen.
Es fühlt sich phänomenal an.

Wenn ich hinfalle, nehme ich einen tiefen
Atemzug, lasse mir Zeit, mich zu erholen,
und stehe wieder auf.

Mein Stress- und Erholungszyklus
ist magisch, und ich bin es ebenfalls.

Wenn etwas Dummes passiert,
kichere ich und gehe anmutig
und gelassen damit um.

Hear me ROAAR!

Tea Time Nr. 46

Wovon träumst du?

Erstelle eine Liste und bringe sie so an, dass du sie immer sehen kannst. Du kannst sie auch in dein Handy einspeichern oder auf eine große Tafel schreiben, sodass du sie morgens und abends im Blick hast. Und notiere jeweils einen Traum auf einem Post-it und verteile diese im ganzen Haus; sprich mehrmals am Tag mit dir selbst über deine Träume oder mit deinem Partner oder einem Freund oder einer Freundin. Oder sogar mit deinem Haustier. Ich erzähle meinem Hund ständig von meinen Träumen. Besonders toll ist es, wenn er den Kopf neigt und zuhört. Manchmal wedelt er sogar mit dem Schwanz – damit zeigt er mir bestimmt, dass er mich unterstützt!

Wenn du dich unentwegt mit deinen Träumen beschäftigst, stärkst du den Glauben daran, dass sie wahr werden. Du hältst den Schwung in Gang. Also nimm dir täglich Zeit, von deinen Träumen zu träumen. Stelle sie dir aufmerksam und bewusst ganz detailliert vor. Lasse deine Energie und Schwingungen direkt zu ihnen fließen.

Wovon träumst du? Sprich deine Träume laut aus, damit sie absolut klar sind.

Ich lenke meine ganze Energie
auf meine Träume.

Den ganzen Tag über
denke ich an meine Träume.

Ich achte meine Träume,
weil sie es wert sind.

Ich lebe ein gesegnetes Leben.
Der heutige Tag ist gesegnet.

Ich habe heute Zeit, alles zu tun,
was ich tun will.

Meine Träume werden wahr.
Ich spüre es. Ich liebe es!

Ich bin Herr·in meiner Träume.

Tea Time Nr. 47

Manchmal gleitet das Leben dahin und – Wumms! – passiert irgendetwas. Du bist irritiert. Du bist erschüttert.

Nun, das kann passieren. Die Welt hält unerwartete Wendungen und Katastrophen bereit.

Und ich tue Folgendes, wenn etwas Beschissenes passiert. Ich denke: »Schei…!« (Manchmal schreie ich es heraus oder singe es mit meiner opernhaftesten Stimme.)

Und dann sage ich: »Okay, jetzt lass mich mein Glück finden.«

Entscheidend ist, dass du die Energie des Augenblicks durch dich hindurchfließen lässt und sie dann verabschiedest.

Dann ist sie weg, und du kannst aufstehen und weitermachen.

Ich finde mein Glück,
denn so bin ich nun einmal.

Nur Gutes liegt vor mir.

Ich bin am richtigen Ort,
zur richtigen Zeit und tue das Richtige.

Alles ist wunderbar.
Ich fühle mich fantastisch.

Ich bin für meine Gesundheit dankbar.

Ich liebe mein Leben,
und das Leben liebt mich.

Ich habe alles, was ich mir wünsche,
verdient. Ich bin einfach mega!

Tea Time Nr. 48

Es gibt nur wenig Wichtigeres, als sich großartig zu fühlen. An den meisten Tagen ist das mein natürlicher Zustand.

Aber an den Tagen, an denen ich diesen erstaunlichen Kick nicht habe, frage ich mich einfach: »Was ist nötig, damit ich mich großartig fühle?« Und die Antwort ist jedes Mal dieselbe: Ich beginne mit meinen Worten. Ich beginne, indem ich sage: »Ich fühle mich fantastisch.« Auch wenn das gerade nicht der Fall ist. Aber psst! Sag das nicht meinem Gehirn, denn es weiß das nicht. *Zwinker, zwinker.*

Als Nächstes führe ich mir meine Träume vor Augen und visualisiere, was ich mir in meinem Leben wünsche. Auf welches Ziel arbeite ich hin? Es fühlt sich gut an, das Bild vor Augen zu haben. Und ich weiß genau, welche Macht mein Gehirn hat, meine Träume zu verwirklichen. Ich spüre es in meinem Inneren.

Und ich erinnere mich an all die Dinge, die ich bereits mithilfe meiner Gedanken erreicht habe. Das macht es leicht, auf diesen magischen Zug aufzuspringen. Es braucht natürlich Übung, bis man das schafft, aber es funktioniert.

Mich erwarten jeden Tag wunderbare
neue Überraschungen.

Ich bin etwas ganz Besonderes.
Und ich habe ein
wunderbares Leben verdient.

Mein Glück kommt von überall her,
von allem und jedem. Danke!

Ich mag, wer ich bin,
ich fühle mich gut mit mir selbst.

Ich bin auf dem richtigen Weg.
Dem magischen Weg.
Dem Weg zum Glück.

Fülle, Liebe und Wohlstand
in allen Formen werden
von mir angezogen!

Es gibt niemanden auf der Welt,
der so ist wie ich.

Tea Time Nr. 49

Denke an Sanftmut. Nimm dir im Laufe des Tages Zeit, sanft zu sein. Sanft mit deiner Magie. Sanft mit deiner Kraft. Sanft mit dem Leben. Denke an Blumen, Schmetterlinge und alle Dinge, die zart und niedlich sind.

Betrachte dich im Spiegel und flüstere Worte der sanften Stärke. Worte, die Auftrieb geben wie ein leichter Lufthauch unter deinen Flügeln.

An manchen Tagen preschen wir los. Wir stürmen voran, wir reiten diese große Welle mit Schwung und Elan. An anderen Tagen schweben wir, wir steigen auf und gleiten mühelos dahin.

Beides ist magisch.

Beides ist nützlich.

Beides zu vermögen hält uns im Gleichgewicht.

Ich bin Süße und Spitze,
Perlen und Schönheit.

Ich sehe mein Leben mit neuen Augen
wie ein neugeborenes Rehkitz im Wald.

Ich genieße das Rohe,
das Unverarbeitete, das Neue.

Ich bin hier. Ich bin bereit.

Ich habe einen coolen Blick auf die Welt.
Ich liebe es, sie aus verschiedenen
Blickwinkeln zu betrachten.

Ich bin freundlich, nett und sanft zu mir.

Ich bin freundlich,
gütig und lieb zu anderen.

Ich bin perfekt, so wie ich bin.

Tea Time Nr. 50

Konzentriere dich einen Tag lang nicht auf dich. Richte deinen Fokus auf andere.

Setze dir bei jeder Person, der du begegnest, das folgende Ziel: Ich möchte, dass diese Person sich nach unserer Begegnung besser fühlt als zuvor.

Was für ein lustiger Tag wird das werden!

Wenn du dir zum Ziel setzt, dass andere Leute nur dadurch, dass sie mit dir zusammen sind, Freude empfinden, wirst du einen ganz neuen Regenbogenschimmer ausstrahlen. Und sie ebenfalls.

Hier ein paar Tipps:

- Erzähle ein paar Witze und bringe sie zum Lachen.
- Höre aktiv zu und ermuntere sie.
- Mache ihnen Komplimente. Lass sie spüren, dass sie wahrgenommen werden.
- Schließe sie in die Arme und halte sie länger als gewöhnlich fest.
- Frage sie, wie du ihnen helfen kannst.
- Sage ihnen, wie sehr du sie schätzt.
- Wenn dich jemand bedient, gib ihm oder ihr ein sagenhaftes Trinkgeld und schreibe eine nette Notiz auf die Rechnung!

Ich liebe es, anderen zu helfen.

Es hilft mir, wenn ich anderen helfe.

Geben fühlt sich so gut an.

Ich liebe es zu lieben.

Ich bin großzügig.
Ich bin großzügig. Ich bin großzügig.

Ich bin eine ausgezeichnete Zuhörerin,
und die Menschen lieben das an mir.

Ich schenke den Menschen
viel Augenkontakt und
meine ganze Aufmerksamkeit.

Tea Time Nr. 51

Als ich ins Krankenhaus kam, rechnete ich damit,
dass mir ein Bein amputiert wird …
Aber im Krankenhaus erfuhr ich,
dass mir beide Beine amputiert werden müssen …
Ich lag in meinem Bett und dachte
an all die wunderbaren Dinge,
die ich mit meinen Händen tun werde,
wenn ich aus dem Krankenhaus
nach Hause komme.

– Stephen Post und Jill Neimark
aus: Why Good Things Happen to Good People

Wow! Genug gesagt, oder?

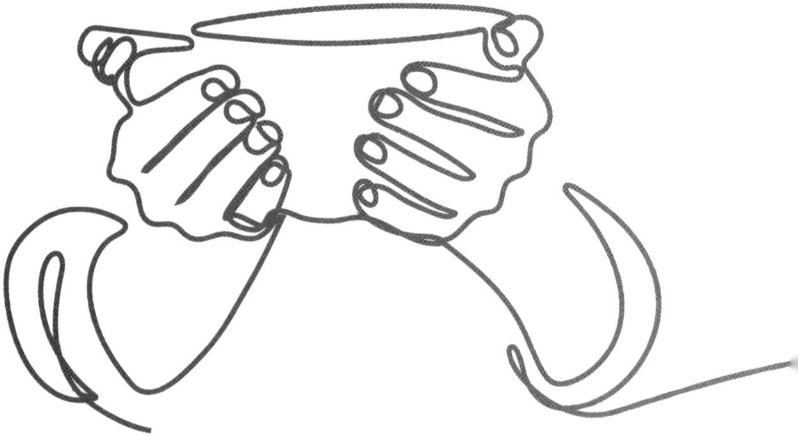

Ich betrachte alles von der positiven Seite.

Bei jedem Gewitter
sehe ich den Regenbogen.

Wenn es dunkel ist, leuchte ich.
Ich leuchte für andere.

Das ist ein herrlicher Tag zum Träumen.
Das ist jeder Tag.

Mir passieren gute Dinge,
weil ich mich gut fühle.

Ich bewundere meinen positiven Blick,
ich liebe meine neugierige Denkweise.

Und ich konzentriere mich auf das Gute.
Das macht ein großartiges Leben aus.

Tea Time Nr. 52

Lachen ist wahre Magie. Das muss ich dir wahrscheinlich nicht sagen, denn wenn man lacht, fühlt man sich sagenhaft! Lautes Lachen ist wie eine Injektion immunstärkender, strahlender Güte. Längeres Lachen ist mit Sport vergleichbar – du bekommst sogar Muskelkater in den Bauch- und Gesichtsmuskeln! Durch das Lachen fühlst du dich magisch, weil du alle möglichen guten und stimmungsaufhellenden Endorphine und Botenstoffe ausschüttest.

Mache das Lachen zu einem Grundwert, und du wirst bewusst nach mehr Dingen suchen, über die du lachen kannst. Mache es zu deinem Normalzustand, über Fehler zu kichern, selbst wenn es sich unnatürlich anfühlt. Beginne trotzdem zu kichern und beobachte, was das mit dir macht. Ich weiß, es klingt verrückt, aber tu einfach so. Im Ernst, vertraue mir ... Tu so, als wäre es lustig. Dein Verstand merkt den Unterschied kaum, wenn du das tust.

Nachdem du das eine Zeit lang getan hast, fängst du immer an zu lachen, wenn etwas nicht ganz so Ideales passiert! Es fühlt sich wie Magie an, aber in Wahrheit hast du dein Gehirn einfach trainiert, auf diese neue Weise zu reagieren.

Lachen ist ein Kuss auf meine Lippen.

Ich bin Drachen, Feen,
Glitzern und Sterne.

Ich liebe es zu lachen! Hihihi. Hahaha.

Ich sitze auf einem fliegenden Teppich,
der über den Sternenhimmel rauscht.

Ich lache und spiele
und fühle mich so schön und gut.

Ich lache jeden Tag. Lachen macht Spaß,
und ich habe viel Sinn für Humor.

Ich bin für das Lachen dankbar,
und ich habe es verdient zu lachen!

Tea Time Nr. 53

Wusstest du, dass die Chimichanga in Tucson, Arizona, erfunden wurden, als jemand versehentlich einen Burrito in eine Fritteuse gab?

Aus Versehen.

Ein Glücksfall.

Ein Gericht, das für Millionen Menschen zum Lieblingsessen wurde.

Es gibt so viele Geschichten wie diese über Produkte und Kreativität, die Missgeschicken und Fehlern zu verdanken sind. Das ist das Magische an Fehlern.

Durch meine Fehler
lerne ich großartige Dinge.

Ich kann mit den Fehlern,
die ich mache, viel Geld verdienen.

Fehler und Missgeschicke liefern
die besten Erkenntnisgewinne im Leben.

Ich werfe meinen Fehlern Küsse zu.

Ein großes Missgeschick
kann zu einer enormen
Entdeckung führen!

Ich schätze meine Fehler.
Sie machen mich klüger und stärker.

Ich bin mutig, und ich liebe es,
neue Dinge auszuprobieren,
selbst wenn ich sie vermassele!

Tea Time Nr. 54

Hast du je in Betracht gezogen, dass dein Leben, deine Beziehungen, dein Erfolg und dein Wohlstand im Grunde deutlich größer sein sollten, als du es dir je vorgestellt hast?

Die meisten Menschen haben nur eine beschränkte Vorstellung davon, wie großartig ihr Leben sein könnte. Das ist so, weil sie ihre Gedanken einschränken. Weil sie klein denken. Deshalb bin ich da, um dich wachzurütteln und dir ins Gesicht zu sagen: *Denke groß, Baby!*

Gib dich nicht zufrieden. Unterschätze dich nicht oder die Kraft deines Geistes. Öffne ihn wie einen Fallschirm. Groß. Weit geöffnet. Sagenhaft. Expansiv. Hast du ihn vor Augen? Wie weit bist du bereit, mit deinen Träumen zu gehen?

Wie wäre es mit zehnmal so groß? Wenn du also an *eine Million* gedacht hast, wie wäre es mit zehn Millionen? Wenn du gedacht hast, *eine schöne Romanze mit einem Partner, der gute Manieren und schöne Haare hat*, wie wäre es mit jemandem, der dir beim Einschlafen die Schultern massiert, dich mit liebevollen Nachrichten überrascht und dir jeden deiner Wünsche erfüllt? Du dachtest daran, *eine Boutique aufzumachen*, wie wäre es, eine Einzelhandelsdynastie zu gründen?

Wenn du groß träumst, fängst du ganz von allein an, *groß zu denken*. Und das verändert, worauf du dich konzentrierst, und hilft dir, Möglichkeiten zu finden, deine Träume zu verwirklichen – Möglichkeiten, an die du sonst nie gedacht hättest, wenn du nicht angefangen hättest, groß zu denken.

Ich liebe es, groß zu denken.
Mein Leben ist groß.

Ich bin groß im Denken.

Sagenhaft im Träumen.

Ein·e Macher·in!

Ich bin nicht zu stoppen.

Ich bin meiner größten,
unglaublichsten Träume würdig.

Meine großen Träume
führen zu großen Inspirationen.

Ich kenne keine Grenzen!
Ich bin eine Entdeckerin!

Ich bin für alles bereit.

Ich packe alles, was ich tue,
mit Herz und Verstand an.

Das ist ein fantastisches Gefühl!

Tea Time Nr. 55

Was auch immer in deiner Vergangenheit passiert und wie deine Geschichte auch immer verlaufen ist, du kannst heute anfangen, ein besseres Leben zu führen.

Gleich jetzt.

Woher ich das weiß? Weil ich es selbst getan habe! Meine Vergangenheit war von Kämpfen geprägt. Meine Vergangenheit war voll von trüben, düsteren Tagen. In meiner Vergangenheit war ich eine junge Frau, die ihren Wert nicht kannte.

Aber die Vergangenheit spielt keine Rolle. Weil du ab heute ein neues Du erschaffen wirst. Mit deinen Worten. Mit den Worten und Gedanken, die du über dein Leben sagst und denkst. Deine Selbstgespräche sind der Schlüssel zum Erfolg. Sie sind der Schlüssel zu deinem ganz eigenen magischen Reich.

Verändere die Geschichte deines Lebens mit neuen Worten. Gleich jetzt.

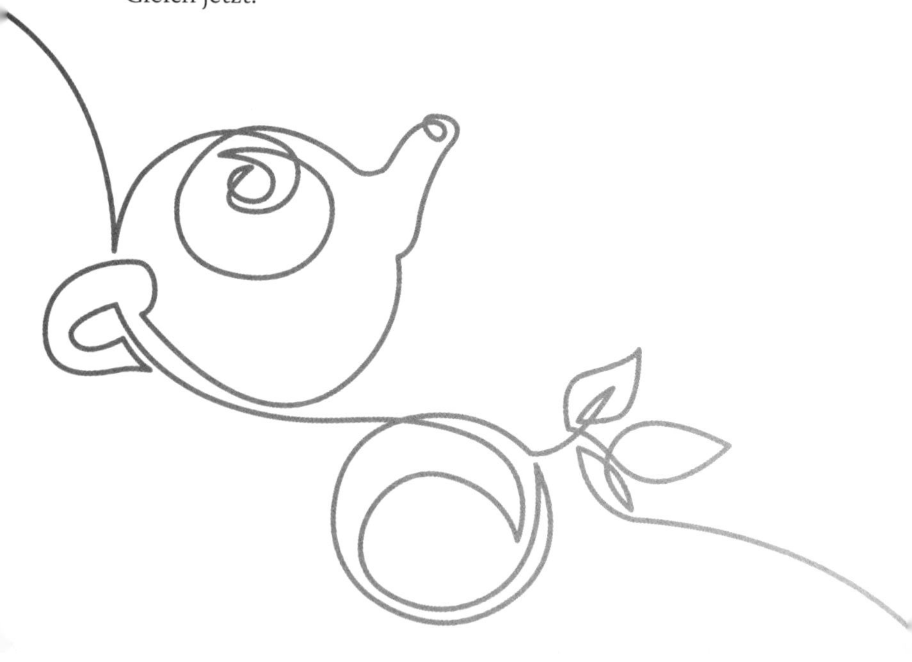

Ich bin am richtigen Ort,
zur richtigen Zeit und tue das Richtige.

Heute erschaffe ich mein neues Ich.
Ich wähle die Worte,
um mich zu verwandeln.

Ich bin beharrlich.
Ich bin klug. Ich bin freundlich.

Ich konzentriere mich auf Dinge,
die mich mit Frieden erfüllen.

Ich konzentriere mich auf Worte,
die mich stärken.

Ich lebe ein völlig neues Leben,
das ich selbst kreativ gestaltet habe.

Ich bin voller Optimismus
und begeistere mich
für mein Schicksal.

Tea Time Nr. 56

Überfluss … ich liebe dieses Wort.

Ich liebe die Bilder, die es in meinem Geist heraufbeschwört. Nutze dieses Wort, um dir einen sprudelnden Überfluss von allem vorzustellen, was du dir wünschst: Überfluss an Liebe, Überfluss an Selbstwertgefühl, Überfluss an Geld, Überfluss an Gesundheit, Überfluss an Dankbarkeit.

An welchen Überfluss denkst du gerade?

Ich habe einen Überfluss
an Liebe verdient.

Überfluss an Geld fühlt sich sooo gut an.

Ich sprudele vor Ideen
und Kreativität über.

Ich sprudele vor Selbstliebe über.

Mein Selbstvertrauen ist überbordend.

Ich bin mutig. Ich bin unerschrocken.

Wasserfälle aus Glitzer
durchströmen mich,
während ich dies lese.

Ich spüre einen Überfluss an Gesundheit,
der meinen Körper
mit strahlender Energie erhellt.

Tea Time Nr. 57

Ich bewahre mir ein Bewusstsein voller Ehrfurcht. Mich erwartet Aufregendes – und das sorgt dafür, dass der Zauber mich jeden Tag umfängt.

Wenn ich abends schlafen gehe, sage ich laut: »Ich frage mich, welche aufregenden Dinge mich morgen erwarten.«

Wenn ich am nächsten Morgen die Augen aufschlage und mir den Schlaf aus den Augen reibe, sage ich laut: »Ich frage mich, was für großartige Dinge heute passieren werden!«

Wow! Diese Denkweise funktioniert wirklich. Sie ist spielerisch. Sie ist erwartungsvoll. Und sie zaubert mir sofort ein strahlendes Lächeln ins Gesicht. Und sie kann dir Tag für Tag erstaunliche, aufregende Dinge bescheren.

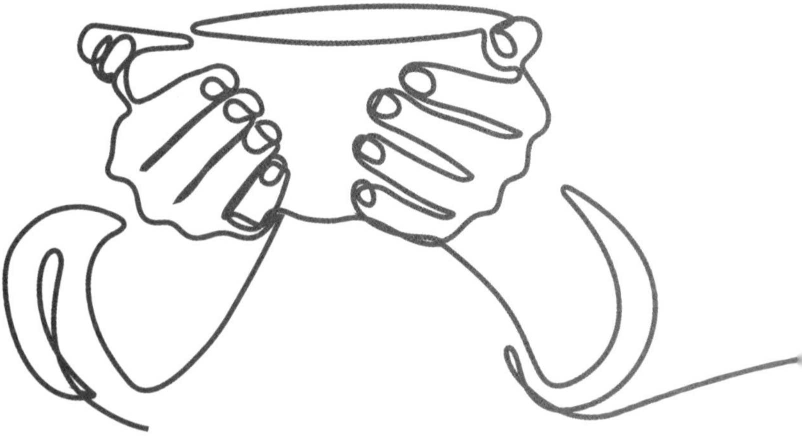

Ich bin den ganzen Tag
voller Staunen und Ehrfurcht.

Ich frage gern:
Was für großartige Dinge
werden heute geschehen?

Ich schlafe jeden Abend mit dem Gefühl
von Frieden und Staunen ein.

Ich wache am Morgen neugierig
und mit einem Lächeln auf.

Großzügigkeit und Freude
schwirren mir durch den Kopf.

Ich bin für diese Einstellung dankbar,
weil sie mein Leben magischer macht.

Ich bin voller Staunen und Ehrfurcht
... den ganzen Tag über. Genau!

Tea Time Nr. 58

Wie man vom Denken zum Manifestieren gelangt: Denke an etwas und handele, indem du so tust, als wäre es bereits wahr. Ich denke zum Beispiel: *Ich bin eine Bestsellerautorin* und stelle es mir vor. Dann gehe ich zum nächsten Level über. Okay, ich komme mir ein bisschen albern vor, dir das zu gestehen, aber es ist ein Akt der Selbstliebe, verletzlich zu sein ... Also los geht's.

Ich tue so als ob, genau wie ein Kind. Ich habe Momente, in denen ich an meinem Schreibtisch Rollenspiele mache und mir alles Mögliche vorgaukele. Ich stelle mir etwa vor, dass ich eine E-Mail erhalte, in der mir gratuliert wird, dass ich es auf die Bestsellerliste der *New York Times* geschafft habe. Ich habe meinen Mann sogar eine Photoshop-Attrappe der Liste mit einem meiner Bücher darauf machen lassen! Ich sehe sie jeden Tag, und es fühlt sich tatsächlich real an!

Diese Vorgehensweise, diese totale Illusion, macht so viel Spaß. Und Spaß heißt gute Laune. Und gute Laune bedeutet einen Energieschub fürs Manifestieren, weil sie den Glauben an dich selbst und an das, was möglich ist, stärkt.

Was wünschst du dir im Leben? Welche Dinge wirst du dir heute ausmalen und so tun, als wären sie bereits verwirklicht?

Ich stelle mir den Weg
zu meinen Träumen vor.

Ich bin ein schimmerndes Ich,
selbstbewusst und funkelnd.

Ich strahle gute Zeiten aus
und schaffe mir spielerisch
den Weg zu meinen Zielen.

Ich habe Spaß. Ich bin ein
strahlend helles Kind des Universums.

Ich habe Verabredungen zum Spielen
mit mir selbst.
Wir stellen uns große Dinge vor.

Ich leuchte und erhelle mir den Weg.

Ein wirklich kraftvoller Strom der
Manifestation fließt durch meine Adern.

Tea Time Nr. 59

Welches Bild hast du heute besonders vor Augen? Und wie fühlt es sich an, wenn du es dir vor Augen führst? Welche Energie strahlt das Bild aus? Denn weißt du, was? Was immer du siehst und spürst, ist die Richtung für dein Morgen.

Du musst immer bedenken, dass deine wichtigsten Gedanken die Richtung deines Lebens vorgeben. Sie bestimmen, ob du Gutes oder Schlechtes siehst. Aber hier kommt die tolle Nachricht! Du kannst *jetzt* dafür sorgen, dass es etwas Gutes sein wird.

Beschwöre einfach in deinem Kopf ein Bild von etwas herauf, was du dir in deinem Leben wünschst – Glück, Gesundheit, Wohlstand, Liebe –, und stelle dir dich selbst in einem davon vor und bewahre dieses Bild als dein wichtigstes mentales Bild im Kopf. Denke so oft du kannst und so viele Tage lang wie möglich daran.

Du willst ein großartigeres Leben? Mach dir ein großartigeres Bild!

Sei konkret. Sei spezifisch.

Bleibe bei deinen Gefühlen von Freude, Heiterkeit und Optimismus.

Erwarte es.

Ich hänge Bilder von meinem Traumleben
in meinem Kopf auf.

Ich denke ständig an sie. Ich sehe sie,
wenn ich die Augen schließe.

Meine Gedanken bestimmen mein Leben.
So einfach ist das.

Wenn ich mir ein großartigeres Leben
wünsche, beschwöre ich ein großartigeres
Bild herauf. Da gibt es keine Grenzen!

Ich halte an Freude und Optimismus fest.
Das macht jeden meiner Tage magisch.

Mein Vormittag ist voll von Heiterkeit.
Mein Nachmittag ist voll von Freude.
Mein Abend ist voll von Frieden.

Ich lebe auf die erstaunlichste Weise
das erstaunlichste Leben.

Wenn ich mir etwas wünsche,
denke ich daran, spreche es aus,
fühle es, und ich glaube daran.

Tea Time Nr. 60

Tipp für ein magisches Leben:

Wenn du der Ansicht bist, dass Dinge unbedingt geschehen »müssen«, dann ist das die Energie, die du in dein Leben bringst. Beginne stattdessen mit erhabenen Gefühlen wie Glück, Liebe und Dankbarkeit, und diese Gefühle werden dir helfen, deine Träume zu verwirklichen – ohne je verzweifelt oder bedürftig zu sein.

Warum? Weil ein bedürftiger Geist Mangel und Knappheit fördert. Das grenzt an Jammerei. Und ist definitiv nicht magisch. Es ist viel besser, daran zu glauben, dass die Dinge, die du dir »wünschst«, zu dir kommen, und zwar mit der Geschwindigkeit eines Güterzugs.

Als ich hoch verschuldet war, habe ich den Gedanken *Ich brauche Geld!* nie zugelassen. Stattdessen habe ich mich für die Vorfreude auf all das Geld entschieden, von dem ich wusste, dass ich es bekommen würde. Ich hatte keine Ahnung, wie ich meine Schulden loswerden könnte, aber ich habe daran geglaubt. Und dieser Glaube hat mir Frieden gebracht.

Und heute? Natürlich bin ich froh, dass ich die Schulden los bin. Aber das Geld hat mir nicht das Glück gebracht. Mein Glück hat mir geholfen, das Geld zu bekommen.

Ich glaube an die Macht der Überzeugung.

Ich stelle mich dem Leben
und erkenne die Magie, die mich umgibt.

Ich entscheide mich für das Glück,
egal unter welchen Umständen.

Ich fühle mich geliebt und ich liebe –
tief und täglich.

Die Liebe verleiht mir Flügel.
Ich funkele, ich strahle, ich fliege.

Ich bin ein Glanzstück. Ich bin einzigartig.
Ich bin Freundlichkeit. Ich bin Ehrfurcht.

Meine Denkweise ist der Schlüssel zu
meiner Freiheit.. Zu meinem Seelenfrieden.

Tea Time Nr. 61

Wenn ich auf meine Vergangenheit zurückblicke, sehe ich die verrückten, schwierigen Herausforderungen und Kämpfe, vor die ich gestellt war. Aber jetzt führe ich keine solchen Kämpfe mehr, weil ich ganz anders denke.

So seltsam es erscheinen mag, ich blicke gern auf diese Zeit zurück. Sie hat mir das Durchhaltevermögen und die Entschlossenheit vermittelt, die ich heute nutze. Damals wusste ich das nicht, aber durch Fehler und harte Lektionen sammelt man Erfahrung, und durch Erfahrung kommt man mit dem Leben besser zurecht.

Wenn du mit etwas zu kämpfen hast, nutze den Kampf, um tiefer zu graben und deine Charakterstärke zu finden. Du wirst die aktuelle Situation überwinden. Das steht fest. Ob du jedoch strahlend oder bedrückt daraus hervorgehst, hängt weitgehend von deiner Einstellung ab.

Sobald dir klar ist, dass Herausforderungen dich stark machen, beunruhigen sie dich nicht mehr so sehr. Du überwindest sie mit einem Gefühl der Ruhe und Gelassenheit. Manchmal wirst du sogar über sie lachen. Und das ist eine wunderbare Art zu leben.

Ich wünsche mir Veränderungen,
also stelle ich mich ihnen
und bin bereit loszulegen.

Meine Ziele manifestieren sich
vor meinen Augen.
Ich erschaffe meine Realität.

Ich bin der Meisterdirigent
meines Lebens. Schau mich nur an!

Ich schwinge mit einer wunderschönen
Energie, die so hoch ist,
dass Großartiges direkt
in mein Leben strömt.

Etwas Wildes erwacht genau jetzt in mir.

Freude ist mein Standard.
Glücklichsein ist mein
normaler Geisteszustand.

Tea Time Nr. 62

»Pass auf, was du sagst!«

Als Kind mochte ich es gar nicht, wenn meine Mutter das zu mir sagte, weil ich über etwas oder jemanden schlecht geredet hatte. Aber jetzt weiß ich den Satz zu schätzen.

Und ich sage ihn zu dir: »Pass auf, was du sagst!«

Das ist eine Umschreibung von: »Achte auf deine Worte. Achte auf deine Gedanken.«

Sei stets aufmerksam. Sei achtsam im Umgang mit deinen Emotionen. Sei stark und wachsam. Wähle Worte, die deinem Leben nützen. Wähle Worte, die dir Auftrieb geben und dich motivieren. Wähle Worte, die dir ein gutes Gefühl vermitteln! Wähle Worte, die dich in das Leben deiner Träume versetzen.

Pass auf, was du sagst!

Ich bin aller Liebe auf der Welt würdig.

Ich bin geduldig und weiß,
dass Liebe stets die Antwort ist.

Ich lebe mein sagenhaftes Leben.
Es ist mein Geburtsrecht.

Ich habe den Schlüssel, alles,
was ich mir wünsche, zu erreichen.

YIPPIE!

Ich liebe es, mit anderen zu teilen.
Ich liebe es, großzügig zu sein.

Wir sind alle miteinander verbunden.

Danke, Welt!

Tea Time Nr. 63

Hast du gewusst, dass du jederzeit einen Neustart hinlegen kannst?

Dein ganzes Leben betreffend oder nur einen kleinen Teil davon. Wieso solltest du nicht so viel Neues erschaffen, wie du möchtest? Es ist okay, dass du Fehler gemacht hast. Es ist absolut in Ordnung, eine 180-Grad-Wende hinzulegen.

Du musst dich nur dafür entscheiden.

Gibt es irgendetwas im Leben, das du einfach noch einmal machen, mit einer neuen Einstellung versuchen willst? Vielleicht eine neue Ernährung ausprobieren? Ein neues Hobby? Einen neuen Kleidungsstil? Eine neue Beziehung? Einen neuen Beruf?

Es ist befreiend, daran zu denken, dass du dir gestatten kannst, neu zu starten und dir bei allem jederzeit einen Neustart zu ermöglichen.

Ich erbaue mir mein Reich von Grund auf.
Wann immer ich will.

Ich trinke die wilde Luft.

Ich stehe jedes Mal wieder auf.

Ich bin aufmerksam. Ich bin bereit.
Ich bin hier.

Ich bin immer zur richtigen Zeit
am richtigen Ort.

Ich liebe jeden meiner Tage.

Dafür wurde ich geboren.

Ich gebe Gas und fahre los.

Tea Time Nr. 64

Hier ist eine Liste lustiger Möglichkeiten, um dafür zu sorgen, dass deine wunderbaren Beziehungen wachsen, Spaß bringen und voller Energie sind. Alle sind für romantische Partner, Freunde und Familienangehörige geeignet.

- Unternehmt gemeinsam lustige Sachen!
- Schaut euch zusammen lustige Filme an!
- Umarmt euch! Häufig!
- Sprecht regelmäßig miteinander, wie besessen!
- Sucht zusammen neue Orte auf.
- Lernt zusammen etwas Neues.
- Macht einander täglich Komplimente und pusht euch gegenseitig!

Ich liebe meine Beziehungen
und schätze sie.

Ich liebe es, mit meinen Freunden
Neues zu unternehmen.

Es fühlt sich so großartig an,
meine Familienangehörigen zu umarmen.

Ich verteile Komplimente,
reichlich und großzügig. Ich vertraue
meinen Beziehungen.
Ich bin in meinen Beziehungen sicher.

Ich bin loyal und halte mein Wort.

Meine Beziehungen haben Spaß,
Liebe und Zeit verdient!

Tea Time Nr. 65

Wenn man loslässt, wer man ist,
kann man der werden, der man sein will.
– Laotse

Dieses Zitat habe ich vor Jahren zum ersten Mal gehört, und, Mann, o Mann, es hat mich tief getroffen. Ich befand mich in einer finsteren Zeit meines Lebens. Ich wollte mich verändern, jemand anderes sein; denn was ich damals auch tat, es funktionierte nicht. Ich strahlte nicht.

Doch damals kannte ich nur mein altes Ich. Und ich musste den Mut aufbringen, dieses Ich aufzugeben, um der wiedergeborene Schmetterling zu werden, der ich heute bin.

Ich gebe zu, das war nicht einfach. Ich hatte sogar einen Zusammenbruch. Aber mit Beharrlichkeit und Überzeugung schaffte ich es und erlebte meinen Durchbruch. Ich war überzeugt, dass sich auf der anderen Seite etwas Besseres finden würde, aber ich musste diesen Berg der Veränderung überqueren, um dorthin zu gelangen. Ich musste mein altes Ich loslassen. Zum Glück habe ich weitergemacht und bin jetzt glücklicher als je zuvor.

Ich lasse los, um zu werden.

Ich lasse los, um zu werden.

Ich lasse los, um mich zu verwandeln.

Ich lasse los, um mich zu verwandeln.

Ich baue mir ein neues Ich auf.

Ich tue, was dafür notwendig ist.

Ich mache weiter.

Tea Time Nr. 66

Es braucht Zeit, sich in eine neue Person zu verwandeln.

Vielleicht willst du zuversichtlicher oder großzügiger oder willensstärker sein ... Das alles braucht Zeit. Das Unterbewusstsein umzuprogrammieren, um dich in das neue Du zu verwandeln, das du werden willst, braucht Zeit und Beharrlichkeit.

Es wird passieren. Aber es erfordert Engagement. Man muss sich regelmäßig stellen und seinem Unterbewusstsein sagen, was man genau will, denn es hört immer zu und wartet auf deine Instruktionen. Dein wunderbares Unterbewusstsein wird auf die Anweisungen, die du ihm gibst, mit Macht reagieren. Doch das braucht Zeit und Geduld.

Es ist wie das Pflanzen von Samenkörnern, um etwas Basilikum für die Küche zu ziehen; aus dem Samen wird nicht über Nacht eine Pflanze. Aber durch Wässern, Sonnenlicht und Liebe wird er keimen, und du wirst dein köstliches Basilikum manifestieren.

Gib dir selbst häufig und beharrlich die richtigen Anweisungen.

Gib dir Zeit.

Du wirst dich verwandeln. Das verspreche ich dir.

Ich erkenne mein unfassbares Potenzial
und nutze es täglich.

Ich erreiche jeden Tag noch mehr,
weil ich weiß, dass ich es kann.

Ich erkenne das Gute in mir,
das Strahlende und Mutige.

Ich habe mich verpflichtet,
das allerbeste Leben zu führen.

Mein Unterbewusstsein ist der Sitz
meiner Macht, und ich gebe ihm
den richtigen Treibstoff, wenn ich
die richtigen Worte sage und denke.

Ich gehe großzügig mit mir
und meiner Zeit um. Ich habe jede Menge
Zeit, Geduld und Liebe.

Ich habe es verdient, ein
phänomenales Leben zu leben,
und meine Gedanken bringen mich
diesem näher – Schritt für Schritt.

Ich bin gelassen. Ich bin Liebe.
Ich bin Begeisterung. Ich bin bereit!

Tea Time Nr. 67

Ohne Funken kann man kein Feuer entzünden.
– Bruce Springsteen

Eines Abends schaute ich mir die Show *American Idol* an, und einer der Mitstreiter sang *Dancing in the Dark* von Bruce Springsteen, das den Vers von oben enthält, und ich dachte sofort an Affirmationen, Selbstgespräche und Transformation.

Es handelt sich um eine wunderbare Metapher dafür, was eine einfache Affirmation bewirken kann. Eine Affirmation ist der Funke, der das Feuer entfacht.

Wenn du Veränderungen herbeiführen willst, stoße den Ball an, *beginne mit einem Funken.*

Und dann schau hin, wie die Flamme wächst und an Schwung gewinnt. Entzünde dein Freudenfeuer mit einem schönen, kleinen Funken.

Ich bin Freundlichkeit und Liebe.
Diese bewirken meine Transformation.

Ich bin voller Leidenschaft und Feuer
für die Umsetzung meiner Träume.

Ich bin großzügig.
Und entzünde den Funken.

Ich erkenne das Gute.
Ein weiterer Funke!

Ich entscheide mich, frei zu sein.
Noch ein Funke!
Und noch einer und noch einer!

Ich entscheide mich, das Glück zu sehen,
und das entfacht mein eigenes Glück.

Ich bin dankbar, mit einem kleinen Funken
mein Feuer entzünden zu können. Ja!

Tea Time Nr. 68

Wenn du dich in einer schwierigen Situation befindest, hältst du dann nach allem Ausschau, was unmittelbar vor dir liegt? Du weißt schon, nach dem Offenkundigen? Manchmal sind die Antworten offenkundig. Wenn sie das aber nicht sind, kann eine beengte Sichtweise deine Optionen einschränken. Dann misslingt es dir, das Nicht-Offenkundige zu sehen.

Oder ziehst du Alternativen in Betracht? Das verrückt klingende »Was wäre wenn«? Erwägst du andere Möglichkeiten und denkst kreativ nach, was sein könnte?

Ich liebe es, über all die vielen Dinge zu sprechen, die sein *könnten*, oder dass sich etwas verändern könnte beziehungsweise Veränderungen zum Besseren eintreten. Selbst von etwas, das bereits gut ist, und ich stelle mir gern Möglichkeiten vor, wie es sogar noch besser werden könnte.

Wenn du also vor eine große Herausforderung gestellt bist und sich die Lösung nicht von selbst ergibt, hebe sie auf die nächste Stufe und bringe verrückte Fragen aufs Tapet. Groß zu denken führt zu einem großartigen Leben ... Du darfst die Dinge also nicht nur so sehen, wie sie sind.

Sieh die Dinge, wie sie sein *könnten*!

Ich bin ein·e Schatzsucher·in
und suche an den unwahrscheinlichsten
Stellen nach vergrabenen Schätzen!

Ich blicke unter Felsen
und suche nach Optionen.

Ich stelle Fragen und male mir
Antworten aus: »Was ist möglich?«

Ich denke gerne unkonventionell.

Das hilft mir,
mein magisches Leben zu manifestieren.

Ich bin ein·e Experte·in darin,
groß zu denken, weil ich täglich übe,
groß zu denken.

Ich bin fantastisch. Ich bin Liebe.

Wir alle sind fantastisch.
Wir alle sind Liebe!

Großes Staunen und ein
Gefühl von Ehrfurcht lassen mich
voranschreiten und vorwärtsstreben.
Dabei habe ich so viel Spaß!

Tea Time Nr. 69

Ich genieße das Geld.

Nicht das Geld an sich, sondern das, wofür es steht. Für manche Menschen bedeutet es Sicherheit. Für andere Prestige. Für mich bedeutet Geld Freiheit, und es geht mir nur um Freiheit. Geld bedeutet, Wahlmöglichkeiten zu haben. Mehr Chancen. Und die Fähigkeit, anderen zu helfen.

Bedeutet Geld Glück? Nein, nicht unmittelbar. Ich führe mein Leben entsprechend einer Regel, die ich als bedingungsloses Glück bezeichne und die bedeutet, dass ich mein Glück ungeachtet der Umstände finde, auch ungeachtet davon, wie viel Geld mir zur Verfügung steht. Aber eines ist klar: Mit Geld lässt sich das Leben in jedem Fall versüßen. Und es bietet so manche Annehmlichkeiten.

Ich erzähle dir das, denn wenn dir etwas wichtig ist, ist es wert, darüber nachzudenken, wieso es wichtig ist. Die Erkenntnis, weshalb du dir etwas wünschst, ist für das Manifestieren entscheidend. Seien es Liebe oder Gesundheit oder Reisen oder eine neue Fähigkeit oder eine ganz neue Berufslaufbahn. Im heutigen Text geht es um Geld. Fühle dich frei, ihn zu verändern und etwas anderes einzusetzen, worauf du aktuell hinarbeitest.

Ich habe eine großartige Beziehung
zu Geld.

Ich schätze das Geld.

Ich habe Geld verdient,
weil ich dessen würdig bin.

Ich habe Wohlstand verdient. Wir alle.

Ich liebe Geld und all
die wunderbaren Dinge,
die man damit anfangen kann.

Danke, Wohlstand!

Danke, Geld!

Tea Time Nr. 70

Befreiung.

Meine Güte, schon wieder so ein großartiges Wort, das ich liebe.

Befreiung bedeutet, freigelassen oder gerettet zu sein. Wenn du an deine Selbstgespräche denkst, möchte ich, dass du sie mit der Vorstellung von Befreiung verknüpfst. Denn durch die Veränderung deiner Denkweise hin zu Liebe, Ehrfurcht und Dankbarkeit wirst du dich buchstäblich befreien.

Du wirst dich selbst retten.

Die Macht, die daraus erwächst, ist ein unglaubliches Gefühl, wow! Mir kommen Tränen, wenn ich nur daran denke.

Sobald du die Regie über deine Sichtweise, deinen Geist, deine Worte, deine Gedanken und Reaktionen übernimmst, wirst du befreit sein.

Ich rette mich
mit meinen Worten und Gedanken.

Befreiung durchströmt mich.

Mein Song ist Freiheit.

Das unglaublichste Gefühl rührt mich.

Das ist meine Zeit.
Hier ist meine Ermächtigung.

Ich bin zuversichtlich. Ich bin gelassen.
Ich unternehme die richtigen Schritte.

Ich kann alles tun. Ich bin frei.

Tea Time Nr. 71

Waku-waku (わくわく) ist ein großartiger japanischer Begriff. Ich liebe einfach seinen Klang. Aber besonders liebe ich seine Bedeutung: spannend, aufregend beziehungsweise gespannt oder aufgeregt sein. Deshalb hängt *waku-waku* eng mit positiven Selbstgesprächen zusammen.

Auch in meinem Buch *Bettgeflüster für die Seele* habe ich erläutert, wie du deine eigenen Self-Talk-Texte verfassen kannst und dass das gelegentliche Einstreuen eines ungewöhnlichen oder ungewohnten Begriffs ein bisschen Spaß in deine Affirmationen bringt.

Das lässt dein Gehirn aufhorchen und aufmerksam werden und ruft ein stärkeres Bild beziehungsweise eine stärkere Assoziation hervor. Wenn du also deine positiven Texte für deine Selbstgespräche schreibst, solltest du dir überlegen, einen Begriff wie »glücklich« oder »Erfolg« zu nehmen und nachzuschlagen, wie sie in einer fremden Sprache lauten. Vielleicht entdeckst du etwas, das dich erheitert!

Yippie!

Ich sprühe vor Waku-waku-Freude.

Ich bin hinsichtlich meiner Projekte
voller Waku-waku.

Waku-waku für die ganze Magie
des Lebens.

Ich liebe meine Waku-waku-Tage.

Ich bin waku-waku.

Ich habe Waku-waku verdient!

Mit Waku-waku ist alles wunderbar!

Tea Time Nr. 72

Nola ist in der Welt des erfolgreichen Alterns in gewisser Weise ein Promi. Sie erklärt, dass sie im Jahr 1911 geboren wurde, aber sie sagt auch: »Für mich spielt mein Alter keine Rolle.« Weithin bekannt wurde sie, als sie im Alter von 95 Jahren ihre Hochschulzulassung erlangte. Das war tatsächlich Weltrekord, aber sie ging sogar noch weiter und machte mit 98 ihren Masterabschluss.

– Roger Landry,
aus: Live Long, Die Short

Lass das auf dich wirken und dich inspirieren.

Ich lerne sehr gern.
Ich werde mein ganzes Leben lang lernen.

Das Alter ist nur eine Zahl.
Aber es kommt darauf an, was ich tue.

Ich fühle mich jung, also bin ich jung.

Ich bin von jugendlicher Energie erfüllt.

Mein Verstand ist stark,
und ich erinnere mich an alles,
woran ich mich erinnern will.

Es ist nie zu spät für einen Neuanfang.

Für alles, was ich will, ist gerade jetzt
der richtige Zeitpunkt gekommen.

Tea Time Nr. 73

Der Tag, an dem du dich entscheidest, deine Selbstgespräche zu verbessern, ist dein Glückstag. Das ist der erste Tag deines erstaunlichsten Lebens. Der erste Tag der großartigen Dinge, die noch kommen werden.

Du hast Glück, und du wirst dich glücklich fühlen, weil dein Leben immer besser wird. Tatsächlich fühlt sich das Leben geradezu magisch an, wenn die Dinge sich zu fügen beginnen. *Du hast so großes Glück!* Du findest gute Parkplätze. Hast beim Autofahren grüne Welle. Machst gute Geschäfte. Und wenn es nicht jedes Mal der Fall ist, dann ist es dir egal! Du bist zu sehr damit beschäftigt, glücklich zu sein!

Ich habe unglaubliches Glück, dieses atemberaubend lustige Leben zu leben. Jahre nachdem ich meine Denkweise geändert habe, bin ich immer noch beeindruckt. Ich bin diejenige, die es herbeigeführt hat, und das kannst du ebenfalls. Es gelingt dir, wenn du die Worte in deinem Kopf im Hinblick auf alles änderst.

Du kannst es. Wenn du jeden Tag daran denkst und alle negativen Worte und Gedanken in positive verwandelst.

Ich habe Glück. So großes Glück!

Ich lebe das glücklichste Leben überhaupt.

Glück ist für mich das Sahnehäubchen.
Glück ist mein Ding.

Das Glück findet mich überall.

Ich liebe es, glücklich zu sein!

Ich bin so dankbar,
dass ich so großes Glück habe.

Ich habe Glück verdient!

Tea Time Nr. 74

Ich bin für Minimalismus. Manche Menschen meinen, die Minimalismus-Bewegung sei etwas für Umweltschützer oder Konsumgegner. Ich liebe den Minimalismus, weil er mir mein Leben erleichtert.

Weniger Dinge. Weniger Durcheinander. Weniger visuelle Ablenkung, die mein Gehirn beschäftigt. Weniger Abstauben!

Für mich ist das ein Leichtes. Einfachheit verleiht meinem Leben mehr Magie. Wenn ich weniger Kleidungsstücke im Schrank habe, spare ich Energie, weil ich weniger Entscheidungen treffen muss: *Gott, was soll ich bloß anziehen?* Das hilft mir, klügere Entscheidungen zu treffen, wenn es wirklich darauf ankommt.

Für mich bedeutet Minimalismus Freiheit, und Freiheit ist das zentrale Thema in meinem Leben.

Wo kannst du vereinfachen und dir das Leben erleichtern?

Freiheit brodelt in mir.
Mein Geist macht mich frei.

Ich schätze die Einfachheit,
und Vereinfachung fühlt sich gut an.

Ich kenne meine Stärken, und ich weiß,
wie ich strahlen kann.

Ich treffe großartige Entscheidungen.
Ich nehme mir Zeit für mich,
um nachzudenken und
Möglichkeiten zu erkunden.

Ich zeige mich meinem Leben
und schenke ihm Aufmerksamkeit.

Mein Unterbewusstsein ist mächtig.
Ich stehe aufrecht und bin stark.

Ich treffe großartige Entscheidungen
und fühle mich gut. Ich ehre mich selbst.

Tea Time Nr. 75

Sprache ist das Blut der Seele, in die die Gedanken fließen und aus der sie hervorgehen.
– Oliver Wendell Holmes

Deine Selbstgespräche sind genau das … *die Sprache im Blut deiner Seele*, und sie bestimmt, was aus dir hervorgeht. Wow! Also wähle deine Worte sorgfältig. Bewusst. Wähle optimistische Worte und Gedanken, damit all die guten Dinge, die du wachsen lassen willst, auch wachsen.

Du musst dir deines inneren Dialogs bewusst sein, bevor du ihn beherrschen kannst. Dieses Bewusstsein ist der allererste Schritt hin zu deinem magischen Leben.

Bist du dir der Dinge, die du sagst und die du denkst, bewusst? Achtest du auf deine Sprache?

Ich bin unglaublich!

Ich beherrsche meine Sprache,
ich bin mir meiner Gedanken und Worte
sehr bewusst.

Ich bin für meine Gedanken
verantwortlich, und mein Traumleben
geht daraus hervor.

Ich bin reich an Liebe und Erfolg.

Das fröhliche Lied in meiner Seele
ertönt jeden Tag stärker.

Alles ist gut. Ich bin hier. Ich ehre das
Leben. Ich fühle mich wunderbar.

Ich klopfe mir selbst auf die Schulter.
Ich zeige mir jeden Tag, was in mir steckt.

Tea Time Nr. 76

Wenn du dich selbst pushst und anstrengst und deine Augen fest zudrückst – es immer wieder versuchst –, um dein magisches Leben zu leben, und es passiert nicht, dann gehst du es ganz falsch an. Du bemühst dich zu sehr.

Vertraue mir! Mir ist das passiert. (Ich gebe zu, ein paar Mal. Na gut, ich gebe es *wirklich* zu ... einige Male.) Also ja, ich habe es erlebt. Ich weiß, wann ich die falsche Richtung einschlage, weil ich anfange, tausend Listen zu erstellen oder mich in Tabellen zu vertiefen. Oder ich hänge immer wieder in der gleichen Gedankenschleife und komme nicht weiter.

Wenn das passiert, weiß ich inzwischen, dass ich aufhören muss. Mit allem! Dann ist es Zeit zu lächeln. Oder besser noch, ein neckisches Grinsen im Gesicht zu haben.

Hallo!

Genau dann ist es Zeit, sich zu entspannen. Zeit, hinauszugehen und sich ins Gras zu legen. Oder die Sterne zu betrachten. Oder eine Melodie zu pfeifen. Es ist Zeit, alles zu vergessen, außer dass ich am Leben bin und atme. Das ist der Moment, in dem ich beginne, mehr Magie festzustellen.

Ich bin mir meiner selbst bewusst,
und ich weiß, wann ich alle fünf
gerade sein lassen sollte.

Mein Leben ist expansiv,
und die Zeit ist offen. Ich fühle mich wohl
und bin zuversichtlich. Ich bin geduldig.

Mein Leben nimmt seinen Gang,
und ich liebe es.

Ich liebe es, auf meiner Reise
den Duft der Rosen zu riechen.

Alles fügt sich immer wunderbar für mich.

Ich bin besonders. Ich bin einzigartig.
Ich bin ein großartiger Mensch.

Ich bin entspannt und gelassen,
weil ich am Leben bin.

Tea Time Nr. 77

Hast du dir jemals Zeit genommen, um die Magie in deinem Leben offiziell willkommen zu heißen? Hast du deinem magischen Leben je eine Einladung geschickt, um es wissen zu lassen, dass du für die Party bereit bist?

Denn wenn du das tust, wird sich die Magie in jedem Fall zeigen. Die Magie liebt rauschende Partys.

Diese Art von spielerischer Denkweise kann die Türen zu deinem Herzen und Geist öffnen. Ich weiß, dass das albern klingt, aber im Ernst, du kannst keine Party feiern, wenn du keine Leute einlädst, beziehungsweise in diesem Fall die Magie.

Also los, lade die Magie in dein Leben ein. Gleich jetzt mit diesen Worten:

Magie, ich heiße dich
in meinem Leben willkommen.

Willkommen, Magie,
ich bin hier und warte auf dich.

Wir werden zusammen viel Spaß haben!

Die Magie hat auf die Einladung
zu meiner Party geantwortet!
Sie kommt. Oh, warte, sie ist schon da!

Hallo, Magie, schön, dass du da bist.
Danke für dein Kommen.

Ich habe eine großartige Beziehung
zum magischen Leben.

Ich liebe die Magie, für die ich in meinem
Leben sorge.

Ich bin der Magie auf der Party meines
Lebens würdig.

Tea Time Nr. 78

Wenn eine Bombe auf dich fällt, dann fällt sie. Du kannst dir nicht die ganze Zeit darüber Sorgen machen. Mach einfach das, was du liebst, und genieße weiter dein Leben.

– Mark Sullivan,
aus: Unter blutrotem Himmel

Ich liebe diese Zeilen aus *Unter blutrotem Himmel*, einem Roman über einen italienischen Jungen während des Zweiten Weltkriegs. Ich las ihn etwa ein Jahr, bevor ich das Ritual meines Self-Talks entdeckte. Und ich dachte mir: *Ist das nicht wahr?*

In deinem Leben passieren Dinge, über die du manchmal keine Kontrolle hast. Nun, die Erlaubnis ist trotzdem erteilt, das Leben weiter zu genießen.

Genau, hast du gehört? *Genieße dein Leben trotzdem!*

Je mehr ich dafür sorge, dass sich
mein Gehirn auf das Gute konzentriert,
desto mehr Gutes kommt auf mich zu.

Ich schenke Menschen in Not Liebe,
und mein Lächeln erhellt ihnen den Weg.

Ich bin für alles in meinem Leben dankbar,
sei es groß oder klein.

Ich entspanne mich tagein, tagaus
und genieße.

Was immer geschieht, geschieht.
Ich werde trotzdem meinen Weg
lächelnd fortsetzen.

Ich kann jederzeit meine Meinung ändern,
aus welchem Grund auch immer.

Ich habe Freude und Glück verdient.

Tea Time Nr. 79

Es war Dr. Joe Dispenza, der mir folgende Idee in den Kopf gesetzt hat: ***Du wirst den größten Erfolg haben, wenn du am spielerischsten vorgehst.***

Das ergab Sinn. Verspieltheit ist ein erhabenes Gefühl: Es bedeutet Leichtigkeit, Albernheit, Spaß. Und du lebst das magischste Leben, wenn du diese schönen, erhabenen Emotionen hegst. Hmmm ... wenn ich mehr spiele, ziehe ich mehr der Dinge an, die ich mir wünsche. Das gefällt mir!

Das Problem war, dass ich nicht wusste, wie ich spielerischer vorgehen konnte. Ich war zu beschäftigt mit der Arbeit, dem Planen und dem Abhaken meiner To-do-Listen. Du weißt schon ... der Arbeit, um meine Träume zu verwirklichen!

Deshalb fügte ich meinem Self-Talk Zeilen über das Spielen hinzu. Beim Aufwachen stellte ich mir vor, aus dem Schlafzimmer zu tanzen. Ich visualisierte mich singend, während der Kaffee durchlief. Ich sah mich, wie ich mit meiner Familie herumalberte. Und mit wiederholten Selbstgesprächen schlug die Idee Wurzeln. Ich gewöhnte mich daran. Ich fing tatsächlich an, häufiger zu spielen ... Und es funktionierte! An den Tagen, an denen ich am meisten spiele, manifestiere ich am meisten.

Ich bin verspielt,
und das bringt Magie in mein Leben.

Ich bin verspielt,
und das zieht Wohlstand an.

Wenn ich spiele,
bin ich ein Magnet für Großartigkeit.

Ich liebe es, den ganzen Tag über
zu spielen. Das ist meine tägliche
mentale Vitamingabe.

Spielen, Tanzen und Grimassenschneiden
erleichtert das Manifestieren.

Ich habe ein Leben voller Spiele verdient.

An den Tagen, an denen ich am meisten
spiele, manifestiere ich am meisten.

Tea Time Nr. 80

Das *echt Schräge* macht mich glücklich.

Ich weiß, dass ich mit meinem Gerede über das magische Leben ein komischer Vogel bin. Wenn etwas herunterfällt und zerbricht, lache ich. Wenn ich in mein Café gehe, um einen Kaffee zu trinken, breche ich vor Dankbarkeit in Tränen aus. Wenn ich am Morgen aufwache, lache und tanze ich.

Wenn ich mir den Zeh stoße, sage ich: Danke. Wenn ich Kopfschmerzen habe, nehme ich eine Ibuprofen, und meine Mutter fragt: »Hast du Kopfschmerzen?« Ich antworte: »Nein!«

Ja, ich bin in diesen Dingen äußerst sonderbar, und dieses echt Schräge ist genau mein Ding.

Bist du bereit, mit mir superschräg zu sein? Wenn es dich zu einem der glücklichsten Menschen auf diesem Planeten machen würde?

Komm, flieg mit mir!

Ich lache über das Leben,
und das Leben lacht mit mir.

Wenn ich einen Fehler mache,
kichere ich und mache weiter.

Wenn es meinem Körper nicht gut geht,
erfülle ich ihn mit Liebe und Optimismus.

Wenn ich am Morgen aufwache,
lächele ich.

Wenn ich am Abend einschlafe,
lächele ich.

Diese Achtsamkeit auf meine Einstellung
macht mein Leben magisch.

Mein Geist bleibt erhaben, und
selbst wenn das super schräg erscheint,
spielt das keine Rolle,
weil es mich glücklich macht.

Tea Time Nr. 81

Wenn ich zu dir sage: »Denke an gestern und erinnere dich an all die großartigen Dinge, die geschehen sind«, wird dein Gehirn anfangen, nach den großartigen Dingen zu suchen. Es wird nach nichts anderem Ausschau halten.

Wenn ich dir aber sage: »Denke an gestern und erinnere dich an all die beschissenen Dinge«, wirst du nur an das Beschissene denken, das geschehen ist.

Der Unterschied in diesen Feststellungen liegt in den Wörtern »großartig« und »beschissen«. Erkennst du, wie ein einziges Wort deinen ganzen Fokus bestimmt?

Was du siehst und was du findest, hängt davon ab, was du deinem Gehirn sagst, worauf es sich konzentrieren soll.

Es liegt einzig und allein an dir.

Achte also darauf, wonach du suchst, und stelle sicher, dass es etwas ist, das dein Herz und deinen Geist auf den Weg zum magischen Leben leitet. Das wird nicht dazu führen, dass alle deine Probleme verschwinden, aber einige vielleicht doch. Und andere werden kleiner und weniger wichtig werden.

Und dadurch wirst du viel besser mit ihnen umgehen können, weil du eine starke, positive und zukunftsorientierte Einstellung beibehalten wirst.

Ich wünsche mir das Gute, also sage ich das Gute, und dann sehe ich das Gute.

Ich entscheide mich für etwas Besseres, deshalb lebe ich besser.

Ich habe meine Selbstgespräche und damit mein Leben verändert.

Der Sieg herrscht zu jeder Zeit in mir und meinem Geist.

Ich bin verwandelt. Ich bin stark. Ich verbringe meine Zeit entspannt.

Ich erhebe mich. Ich erhebe mich. Ich erhebe mich. Unentwegt.

Ich besitze Integrität, Genie und Geduld.

Tea Time Nr. 82

SPÜL ES EINFACH RUNTER!

Lass uns den Ernst der Dinge die Toilette hinunterspülen. Weil das, was übertrieben ernst ist, in der Regel Abfall ist. Warum? Weil unangenehme Dinge leichter zu bewältigen sind, wenn man sie auf die leichte Schulter nimmt. So lassen sich Probleme leichter lösen. So macht das Leben mehr Spaß. Man ist glücklicher.

Früher habe ich mir so viele Regeln gesetzt. Es war verrückt! Ernährungsregeln. Regeln für den Schlaf. Regeln für die Zeiteinteilung. Regeln für das Reisen. Regeln bezüglich der Kleidung. Ich war immer so ernsthaft. Tatsächlich wurde ich früher bei einem Vorstellungsgespräch einmal gefragt: »Kristen, was sind deine Schwächen?« Selbstgefällig erklärte ich: »Mir fällt es schwer, mich zu entspannen.« Ich trug das wie ein Ehrenabzeichen. Nun, im Laufe der Zeit zahlte ich den Preis dafür … Es hat meinen Verstand strapaziert.

So vieles von dem, was wir für ernst halten, ist es in Wahrheit nicht. Es mag im Moment wichtig erscheinen, später jedoch nicht mehr. Dennoch reißen wir uns ein Bein aus und verschwenden Zeit und Energie für so viel Ernsthaftes. Nun, spüle es hinunter, bewahre deine Zeit und Energie für die wirklich entscheidenden Dinge, zum Beispiel wenn ein Bär den Kopf in dein Zelt streckt.

Ich verspreche dir … wenn man den Ernst wegspült, ersetzt man ihn durch eine entspanntere Haltung. Und das macht dich glücklicher und hilft dir, deine Träume wahr werden zu lassen!

Ich liebe es, verspielt zu sein
und über das Leben zu lachen.

Ich habe in diesem Moment
einen tiefen Ozean des Friedens in mir.

Mein Leben ist Leichtigkeit,
das ist meine Funktionsweise.

Ich bin Liebe. Ich bin Licht. Ich bin Gnade.
Ich bin Spaß!

Ich ehre meinen Seelenfrieden.

Ich habe unbeschwerte Energie verdient.

Erfolg fällt mir mit Glaube,
Liebe und Albernheit leicht zu.

Tea Time Nr. 83

Wenn ich ein Megafon hätte, würde ich es nutzen, um der Welt folgende Botschaft zuzubrüllen: *Probleme sind nicht das Problem!*

Das Allesentscheidende ist, wie man Probleme betrachtet. Ein Mensch sieht darin Müll. Ein anderer einen Schatz. Es handelt sich um denselben Gegenstand – nur anders betrachtet.

Jedes Problem ist eine Chance zu wachsen. Ja, klar, wir wünschen uns weniger Probleme, aber weißt du, was? Du wirst viel weniger Probleme haben, wenn du dein magisches Leben lebst. So funktioniert Magie nun einmal. Erstens ziehst du bessere Dinge in deine Welt, zweitens bist du über auftauchende Probleme nicht beunruhigt. Stattdessen machst du dich einfach ans Werk und kümmerst dich darum.

Probleme sind nicht das Problem. Entscheidend ist, wie du das Problem mit deiner Einstellung, deinen Überzeugungen, Gedanken und Worten (deinen Selbstgesprächen) interpretierst und sie mit einer optimistischen Einstellung, nach Lektionen und Silberstreifen suchend, angehst. Das ist der Unterschied.

Hast du im Moment ein Problem, bei dem eine andere Sichtweise guttun würde?

Meine Worte und Gefühle bestimmen
mein Leben.

Ich habe mich für fantastische Worte
und Gefühle entschieden!

Ich habe all die Liebe verdient,
die ich mir wünsche. Ich bin ihrer würdig.

Ich verdiene es, mich selbst zu lieben,
hier und jetzt.

Ich freue mich, mein bestes Leben
zu leben. Ich glaube daran. Danke.

Ich habe alles Glück der Welt verdient.

Ich habe alle Hilfe verdient,
die ich mir wünsche.

Ich habe Wohlstand und Energie verdient
und Gesundheit und Freude.

Ich glaube daran. Danke.

Ich glaube daran. Danke.

Tea Time Nr. 84

Wenn du deine Selbstgespräche nutzt, um deine Träume zu manifestieren, hast du die Wahl zwischen einfachen und detaillierten Gedanken. Wenn du ein Ziel vor Augen hast, solltest du so viele Details wie möglich einbeziehen. Wenn du zum Beispiel mehr Geld haben willst: Wie viel Geld willst du haben? Wenn du dir ein neues Auto wünschst: Was für ein Auto? Welche Farbe? Die Details tragen dazu bei, ein hervorragendes mentales Bild für die Visualisierung zu schaffen.

Aber warte! Auch in der Einfachheit liegt Magie! Émile Coué meint dazu in seinem Buch »My Method« sinngemäß:

Die Menschen könnten sich fragen, weshalb ich mich damit zufriedengebe, für jedes Wehwehchen eine so allgemeine – und offenkundig vage – Formel vorzugeben wie »Es geht mir jeden Tag in jeder Hinsicht immer besser«. Der Grund dafür ist, so seltsam es erscheinen mag, dass unser Unterbewusstsein die Details nicht benötigt. Die allgemeine Suggestion, dass alles »in jeder Hinsicht« gut wird, ist absolut ausreichend, um den Vorgang der Überzeugung in Gang zu setzen, der seine Wirkung auf die verschiedenen Organe übertragen und jede ihrer Funktionen verbessern wird.

Man stelle sich das vor. Wenn es »kurz und bündig« geht, dann nichts wie ran und los! Wenn du eimerweise glitzernde Details bevorzugst, dann unbedingt. Beide Möglichkeiten zur Verfügung zu haben, ist sehr wirkungsvoll.

Ich bin würdig.

Ich bin ein glücklicher, fitter Rockstar,
der das rockigste Leben verdient hat.

Ich bin glücklich.

Ich bin so glücklich, dass ich hüpfen,
tanzen, springen und rennen könnte.
Alles auf einmal!

Ich bin stark.

Ich bin stark wie ein Ochse,
ich bearbeite den Boden meines Lebens
und schaffe Magie!

Ich liebe mein Leben.

Tea Time Nr. 85

Und, was denkst du gerade?

Bist du glücklich mit deinem Leben?

Meinst du, dass deine Denkweise *magisch* ist?

Sind deine Tage voller Freude und Lachen?

Glaubst du, dass deine Worte Einfluss auf dein Leben haben?

Wie häufig lächelst du?

Wie häufig beklagst du dich?

Hältst du dich für erfolgreich? Warum oder warum nicht?

Die meisten erfolgreichen Menschen sind nicht zufällig erfolgreich. Sie haben beschlossen, erfolgreich zu sein. Glückliche Menschen beschließen, glücklich zu sein. Ausschlaggebend ist die Denkweise. Du musst dich nur entscheiden. Sag einfach die Worte. Entscheide selbst.

Wiederhole die Worte auf der nächsten Seite.

Glaube daran.

Glaube an dich!

Ich wähle den Erfolg. Ich wähle Glück.
Ich wähle Liebe.

Ich entscheide über meine Zukunft,
indem ich meine Gedanken
und Worte wähle.

Ich glaube an meinen Erfolg,
weil ich mich dafür entschieden habe.

Meine Einstellung ist schillernd,
denn dann strahle ich am hellsten.

Ich entscheide mich,
mein Leben so zu gestalten, wie ich es will.
Ich wähle. Ich entscheide. Ich bestimme.

Ich ergreife heute Maßnahmen.
Ich triumphiere.

Ich sehe das Beste. Ich fühle das Beste.
Ich lebe das Beste.

Zum Schluss

Danke für die Lektüre von *Tea Time für die Seele*. Ich habe dir diese Tipps gegeben, um dir zu helfen, dein magischstes Leben zu leben. Stelle dich weiterhin jeden Tag deinem Alltag und bleibe fantastisch. Und jedes Mal, wenn du einen kleinen Inspirationsschub brauchst, schlage irgendeine Seite dieses Buches auf und schaue, was der Text dir sagt.

Damit du eine Videobotschaft von mir anschauen kannst, richte die Kamera deines Smartphones auf den folgenden QR-Code oder besuche den Mankau-Kanal auf Youtube.

https://youtu.be/pdADXc9Pn1U

Ich würde gern von dir und deinen Erfahrungen mit deinem Tea-Time-Self-Talk hören.

Besuche mich auf: Instagram.com/coffeeselftalk

Du kannst mich außerdem jede Woche auf dem Podcast *Coffee Self-Talk with Kristen Helmstetter* hören: https://anchor.fm/kristen-helmstetter

Und jetzt möchte dich noch um einen riesigen Gefallen bitten, und ich wäre dir sehr dankbar für deine Hilfe. Sollte dir dieses Buch gefallen haben, wäre es toll, wenn du eine Bewertung bei Amazon.de, Hugendubel.de, Thalia.de, Weltbild.de oder auf der Internetseite deines örtlichen Buchhändlers abgeben würdest. Bewertungen sind für Autoren unglaublich wichtig!

Bettgeflüster für die Seele

5 Minuten »Pillow Self-Talk« vor dem Schlafengehen, um Dir das Leben Deiner Träume zu erschaffen

Ein traumhaftes Leben durch fünf Minuten Selbstgespräch vor dem Einschlafen? »Bettgeflüster für die Seele« ist deine magische kleine Auszeit, um dich von der Hektik des Tages zu befreien, Herz und Verstand wieder in Einklang zu bringen und dir zu kuscheligem, gesundem, erholsamem Schlaf und wohligen Träumen zu verhelfen.
Wertvolle Impulse und Affirmationen unterstützen dich dabei. Denn wenn du gut schläfst und träumst, erwachst du nicht nur frisch gestärkt und bist bereit für einen neuen Tag, sondern nimmst den Zauber der Nacht mit in das Leben, von dem du immer geträumt hast!
Von besonderen Zielen und Wünschen über Selbstwertgefühl, Vertrauen, Schönheit und Lebensfreude bis hin zum Umgang mit Ängsten und Sorgen bietet »Bettgeflüster für die Seele« alles, was du brauchst, um die Magie des Lebens in deinem Alltag umzusetzen. Beginne schon heute Abend damit,

... ein besseres und glücklicheres Leben zu führen,
... großartige Menschen, Dinge und Erfahrungen anzuziehen,
... mehr Freude, Gelassenheit und Entspannung zu finden.

Erschaffe dir das Leben, von dem du immer geträumt hast, wie im Schlaf!

18,– € (D) | 18,50 € (A) | ISBN 978-3-86374-673-5

Dolce Vita für die Seele

»Wine Self-Talk«: 15 genussvolle Minuten für Leichtigkeit, Inspiration und Lebensfreude

Du sehnst dich nach unbeschwerter Leichtigkeit, Sonne im Herzen und Inspiration? Nach Lebensfreude und frischem, kreativem Schwung? Nach „Dolce Vita" für die Seele? Tief in deinem Inneren schlummern alle Antworten, um Stress und Ängste in Luft aufzulösen und deine Träume wahr werden zu lassen.
Wine Self-Talk ist dein kleines, 15-minütiges Wohlfühlritual. Was du dafür brauchst? Lediglich ein Glas Wein (oder was du sonst gerne trinken möchtest – es muss natürlich kein Alkohol sein!), dieses Buch und Lust auf …

… ein brillantes, zauberhaftes Leben,
… frische Kraft, um tägliche Herausforderungen mit Leichtigkeit zu meistern,
… kreativen Elan, um mühelos Ideen zu entwickeln und Wünsche zu verwirklichen,
… verbesserte Stimmung, damit du glücklicher und zufriedener wirst,
… ein magisches „Upgrade" hinsichtlich all deiner Beziehungen, deines Berufs, deiner Familie, deines Liebeslebens und sogar deiner Gesundheit.

** Hinweis: Wein/Alkohol ist nicht erforderlich, um die Vorteile dieses Buches nutzen zu können.*

18,– € (D) | 18,50 € (A) | ISBN 978-3-86374-682-7

Bücher, die den Horizont erweitern

Andreas Winter

MÜSSEN MACHT MÜDE – WOLLEN MACHT WACH! DER MOTIVATIONSRATGEBER

Mit einem Vorwort von Dieter Broers

9,95 € (D) / 10,20 € (A)

ISBN 978-3-86374-442-7

»Leicht lesbar, unterhaltsam geschrieben und mit vielen direkt umsetzbaren Tipps – genau so muss ein motivierender Ratgeber sein! Für alle, die in ihrem Leben etwas zum Positiven ändern möchten.« Lesen und Hören

»Der Erfolgscoach hat zahlreiche Tipps und Fallbeispiele parat.« SonntagsEXPRESS

Kathrin Emely Springer

DER SCHLÜSSEL ZUM UNTERBEWUSSTSEIN

Aktiviere deinen verborgenen Schatz!

9,95 € (D) / 10,20 € (A)

ISBN 978-3-86374-397-0

»Das Genialste an diesem Buch ist der (...) Trainingsplan. Mit 12 effektiven Übungen im 21-Tagesprogramm kann der Leser negative Glaubenssätze auflösen und sein Unterbewusstsein positiv einstimmen. Dieser präzise und kurzweilig gestaltete Ratgeber ist prädestiniert für Menschen, die ihr Leben positiv verändern wollen und nach Strategien suchen.« www.positiv-web.de

Anna Marguerita Schön

ROSENTRAUM. MEDITATIONEN UND ENTSPANNUNGSREISEN

Aufblühen mit der Königin der Blumen

AUCH ALS DOWNLOAD!

12,95 € (D) / 13,40 € (A)

ISBN 978-3-86374-594-3

Als Königin der Blumen lädt die Rose in diesem Hörbuch dazu ein, selbst »Königin im eigenen Reich« zu sein, sich bewusst ganz besondere Wohlfühlmomente zu gönnen, tiefe Entspannung und Zuspruch zu erfahren und dadurch innerlich wie äußerlich aufzublühen. In aufeinander abgestimmten Kapiteln werden die Hörerinnen und Hörer durch Stimme und Musik angeleitet und erfahren so wunderbar-genussvolle Impulse für Körper, Geist und Seele.